Apprendre à faire le vide

Pour en finir avec le « toujours plus »

« Déclic de soi »
Collection dirigée par Anne Lamy

Cet ouvrage a été réalisé par les Éditions Milan
avec la collaboration d'Auriane Vigny.
Création couverture et mise en pages : Pascale Darrigrand

300, rue Léon-Joulin, 31101 Toulouse Cedex 9 - France

ISBN: 978-2-7459-3274-7

Paul Ariès
Bernadette Costa-Prades

Apprendre à faire le vide

Pour en finir avec le « toujours plus »

MILAN

« Nombre d'individus utilisent l'argent qu'ils n'ont pas,
pour l'achat de biens dont ils n'ont pas besoin,
pour impressionner des gens qu'ils n'aiment pas. »

Walter Slezak

INTRODUCTION

« Toujours plus ! », tel semble être le credo de notre époque.

Nous croulons sous le superflu, et le pire c'est qu'il ne nous rend même pas heureux ! La consommation d'antidépresseurs augmente sans cesse et le succès des livres sur la recherche du bonheur en dit long sur un but qui semble s'éloigner chaque jour davantage, malgré tout ce que nous possèdons. En revanche, nos excès ont des conséquences redoutables, dans tous les domaines : ils brouillent les repères dans notre relation au temps, laminent l'espace, nous conduisant à vivre dans des villes sans âme, cernées de centres commerciaux hideux. Ils dégradent les conditions de travail, brisent les barrières entre vie intime et vie publique, et jusqu'à notre propre corps et notre sexualité qui se trouvent menacés par cette logique du « toujours plus ».

Nos modes de vie sans limites créent encore des inégalités sociales et des problèmes écologiques car notre boulimie n'est possible que grâce aux pillages des ressources des autres peuples : consommer toujours plus suppose une croissance infinie, ce qui est impossible dans un monde fini. Mais nous refusons de le prendre en compte, comme des enfants trop gâtés.
Comment avons-nous sombré dans cette démesure ? Rien n'est arrivé par hasard... Notre société d'hyperconsommation a été pensée, fabriquée, pour alimenter un système économique qui se nourrit de nos excès. Notre société est alors comme une bicyclette : si elle cesse d'avancer, elle s'écroule... et c'est nous qui sommes obligés de pédaler sans fin !
N'y a-t-il alors rien à faire ? Faut-il baisser les bras devant ce tableau aussi sombre ? Non. Heureusement, il existe de plus en plus de lieux de résistance à cette société du trop-plein, que ce soit au niveau individuel, collectif, mais aussi politique. Face aux sirènes de la consommation, à la dictature du paraître, osons opposer un autre modèle de société qui ne serait pas basé sur la concurrence et la compétition, mais sur les vraies valeurs que sont la générosité, le respect, la liberté, la coopération, la gratuité...

Ce livre dresse le triste bilan de nos modes de consommation, mais recense aussi des pistes pleines d'espoir pour faire un vide salutaire dans nos vies.

CHAPITRE 1

ON NE NAÎT PAS CONSOMMATEUR, ON LE DEVIENT !

Nous savons pertinemment que nous sommes envahis d'objets inutiles, et pourtant nous continuons à accumuler... Qu'est-ce qui nous pousse dans cette course à l'achat ? Depuis quand cette folie s'est-elle emparée de nous ? Petit retour en arrière pour mieux comprendre comment et pourquoi nous avons basculé dans cette société du trop-plein.

300 objets hier, 10 000 aujourd'hui

Si l'on ne s'en tient qu'à la possession d'objets matériels, force est de constater que le plus pauvre de nos pays les plus riches est aujourd'hui bien plus riche que le nanti d'hier : en effet, les classes populaires disposent de beaucoup plus de biens qu'un bourgeois du XIXe siècle. Un chiffre : on estime qu'actuellement, un logement contient en moyenne 10 000 objets alors que la maison de nos ancêtres au XIXe siècle n'en contenait que 300 (source *Le Mésusage*, Paul Ariès). En avons-nous vraiment besoin ? Nous, peut-être pas, mais l'industrie, certainement !

1920 : des objets à la place des armes

La société de consommation ne s'est pas installée comme par magie. Elle a été pensée, théorisée, dans les années 20 aux États-Unis, et s'est développée en France à partir de 1945. Par quoi les dirigeants et les industriels allaient-ils bien pouvoir remplacer l'industrie de guerre et le profit financier qu'elle dégageait ? Certains ont alors l'idée de penser l'intérieur familial sur le mode de l'agencement industriel. À l'époque, qui dit maison, dit femme. Et qui dit femme, dit ménagère : c'est elle qui va être ciblée pour mettre en application la logique de cette nouvelle société. C'est à elle que vont être destinés les premiers messages des publicitaires, dont les slogans célèbres ont traversé le temps. Souvenez-vous du fameux : « Moulinex libère la femme ! » Dès lors, une foule d'objets vont être inventés pour soi-disant lui faciliter la vie, avec le pernicieux argument de sa libération. On va s'appliquer à lui vendre des aspirateurs, des robots, des cuisinières, habits à la maison et que les vêtements servaient à plusieurs enfants ?

De la consommation à l'hyper-consommation

Dans les années 80, un nouveau tournant se dessine. La consommation s'accélère et on assiste au développement de l'hyper-consommation, qui sévit encore aujourd'hui. La différence ? On n'achète plus uniquement pour consommer mais pour s'offrir un supplément d'âme, car à la casse des cultures traditionnelles est venue s'ajouter la casse de l'individu.

Le marketing a toujours entretenu une double illusion : la première, bien connue, serait que le bonheur ne peut s'épanouir que dans la consommation, comme si avoir de belles baskets permettait de courir dix fois plus vite ! La deuxième illusion, beaucoup plus récente – et sans doute beaucoup plus dangereuse – consiste à penser que la consommation peut venir compenser la perte des valeurs et des identités. Les grandes marques, notamment vestimentaires, se sont mises à fonctionner comme des béquilles identitaires pour les individus les plus en souffrance, les plus démunis. Quand on a peu de satisfaction, une piètre estime de soi, le vêtement devient un revêtement, où la recherche de l'être se fait à travers le paraître.

Ce n'est pas un hasard si la consommation de produits de marque est souvent plus importante dans les classes les plus défavorisées, ou encore chez les jeunes, en pleine quête identitaire. En acquérant tel objet de marque, on ne s'achète plus un simple objet, réduit à sa fonction utilitaire, on devient quelqu'un. Quand un jeune porte une casquette avec un logo visible, il ne le fait pas pour se protéger du soleil ou de la pluie, mais parce qu'elle lui sert à être admis, reconnu par ses copains et ses copines. Un enfant de cinquième interviewé sur France Inter, et qui avait très bien compris la différence entre usage et hyper-consommation, résumait ce phénomène. À la question : « Que porterais-tu si les marques n'existaient pas ? », il répondit : « Des vêtements ! »

Extension du domaine de la consommation...

Affirmer son identité en consommant ? De nombreux industriels ont bien compris le créneau et au premier chef, les boissons gazeuses : ainsi, depuis dix ans fleurit la marque Mecca Cola, le Coca de La Mecque, qui se vend très bien dans les cités. Le slogan du produit : « Boire engagé ».
La Corse lui a emboîté le pas, avec le lancement récent d'un Corsica Cola. Jusque dans le champ de la lutte et de la contestation, on retrouve ce

phénomène identitaire par l'achat de produits équitables, d' « alter-consommation ». En choisissant tel café plutôt que tel autre, le consommateur affirme ses convictions, ses valeurs. À travers ses achats, il soutient les petits producteurs, les causes qui lui tiennent à cœur, il milite pour un monde plus juste. Mais on voit bien ici comment l'extension de la consommation a contaminé des domaines qui lui étaient autrefois étrangers, comme la politique et l'engagement citoyen. Ce n'est plus seulement « Je consomme, donc je suis » mais aussi « Je vote avec mon porte-monnaie ». Le risque ? Que la manifestation de rue soit remplacée par la foire commerciale, par l'achat de produits – bios et équitables certes – mais qui est toujours de la consommation. Il ne s'agit nullement ici de dénigrer ces démarches, mais de souligner qu'elles relèvent elles aussi de cette tendance au « toujours plus », et à se vivre d'abord comme consommateur.

De la production à la « junk production »

Cette hyper-consommation s'accompagne d'une dégradation de la production. En effet, pour qu'une telle société se développe, les industriels ne peuvent proposer des objets inusables et la firme qui souhaiterait fabriquer de tels produits serait vouée à la faillite. La marque Leica a connu de grandes difficultés lorsqu'elle a voulu lancer son mythique modèle Leica M conçu pour durer toute une vie. Ou encore, ce collant fabriqué pour ne jamais filer et dont le brevet a été acheté avant d'être aussitôt oublié ! On le constate tous : même les biens dits autrefois durables se cassent rapidement, tout simplement parce qu'ils sont conçus dès le départ avec une durée de vie limitée : ce sont les laques utilisées pour les appareils ménagers qui se dégradent au bout de quelques années, le remplacement des pièces en fer par le plastique... Le bon produit, simple, solide et économe est rabaissé au rang de la nostalgie ou de l'exotisme.

La logique de la mode

À cette dégradation des produits s'ajoute le matraquage publicitaire. Son rôle principal est de créer des phénomènes de mode, contribuant à une logique de renouvellement perpétuel des biens de consommation, au même titre que leur dégradation programmée. Les vêtements sont depuis longtemps dans le collimateur, mais les techniques de marketing se mettent à toucher tous les domaines... jusqu'au sapin de Noël ! Souvenez-vous encore : autrefois, on gardait les décorations d'une année sur l'autre. Au mieux, on remplaçait quelques boules cassées, on se faisait plaisir en achetant une guirlande ou un santon supplémentaire. Aujourd'hui, que se passe-t-il ? On déclare que ce Noël-ci sera doré ou bleu : exit donc nos boules rouges et vertes... Autre technique : certaines marques s'y entendent pour créer le manque, afin de susciter le désir. La politique de Converse en France est édifiante : selon les saisons, on ne trouve que certaines couleurs, certaines formes. Si vous souhaitez acquérir un modèle en cuir ou de couleur crème, il vous faudra patienter quelques mois... Quant aux sorties de livres ou de films, à grand renfort d'annonces, elles créent des files d'attente devant les librairies pour acheter par exemple le dernier *Harry Potter* à minuit sonnant. Mais on peut légitimement se demander quelle urgence il y a à se procurer un livre que l'on trouvera le lendemain sans problème, à l'heure où le jeune lecteur devrait normalement être couché ! La période des soldes joue elle aussi sur cette illusion de pénurie, entraînant le consommateur à se précipiter dans les magasins dès le premier jour pour être sûr de ne pas manquer la bonne affaire. Le plus souvent, il s'agira d'une paire de chaussures trop petites, ou d'un manteau d'une couleur que l'on ne portera jamais...

Des consommateurs de tout, partout

La consommation ne concerne pas que les objets. C'est un rapport au monde qui pénètre progressivement tous les domaines de la vie. Sous le mot « consommateur », on range des activités qui relevaient autrefois de registres très différents. Ainsi, le voyage : aujourd'hui, on achète un séjour à l'autre bout du monde, vu sur catalogue, là où autrefois, on était un voyageur curieux du pays et de la culture qu'on allait rencontrer. On consomme de la musique, on n'est plus mélomane, on consomme des produits alimentaires sans aucune culture de table. Même la famille n'est pas épargnée par la logique marchande : au Danemark, une loi a voulu obliger les grands-parents qui gardaient leurs petits-enfants à se déclarer, pour lutter contre le travail au noir. Que dire encore des procès faits aux systèmes d'échanges locaux – qui consistent à échanger gratuitement des savoir-faire – sous prétexte qu'ils feraient de la concurrence aux entreprises ? Le coup de main, le service rendu devient contrôlé dans notre société qui oublie un peu vite que toute l'économie paysanne était autrefois basée sur ce système d'entraide, au moment de rentrer les foins, de faire les vendanges ou les labours...

Des produits à la chaîne

La production en série dégrade nécessairement le produit car il doit plaire à tout le monde, selon la logique du plus petit dénominateur commun. Dans l'industrie alimentaire, on privilégie le sucré, le salé, le mou, qui ont l'heur de plaire au plus grand nombre et on délaissera les spécificités culturelles, tuant ainsi toute richesse gastronomique. Cet appauvrissement du produit est pourtant sa force : il est plus facile de répandre sur la planète du Coca-Cola que du chouchen, de la world-music que de l'opéra chinois...

Un loisir à part entière

Acheter est devenu une activité, une finalité en soi, presqu'un rituel sacré ! On flâne dans les allées commerciales, nouveaux temples de la consommation, sans but, en n'ayant rien de spécial à acquérir. Les centres commerciaux, les rues piétonnes sont devenus nos nouvelles forêts, notre parcours de santé du samedi, parfois même du dimanche. Dans ces lieux insipides et bruyants, nous traînons nos enfants derrière nous et nous étonnons par la suite qu'ils soient énervés, ou passent leur temps à nous réclamer des objets. Un petit garçon de cinq ans demandait récemment à sa mère de l'emmener « acheter ». Acheter quoi ? Rien ; acheter, tout simplement. Même les lieux de villégiature sont envahis de marchés nocturnes où ne se vendent que des horreurs que l'on aura vite fait de ranger au grenier, une fois la valise déballée. L'objet acheté est aussitôt oublié... Pour faire face à cette fièvre, quand nos moyens financiers baissent, reste ce qui constitue aujourd'hui une course tout aussi folle : la recherche de la bonne affaire.

La folie du prix bas

Autrefois, on se vantait d'acheter de la qualité, surtout pour les biens durables. On se méfiait des objets trop bon marché, soupçonnés d'être forcément de mauvais produits. Pire, ce bas prix dévalorisait l'achat d'un objet qu'on garderait probablement toute sa vie, et qui nécessitait des mois de réflexion avant son acquisition. Aujourd'hui, la folie du prix bas s'empare du consommateur qui court les bonnes affaires, remplit ses placards d'objets à quelques euros, achète et revend sur eBay, pour pouvoir acquérir encore et toujours. Les magasins suivent et affichent des rabais impressionnants, même en dehors des périodes de soldes. Sans la moindre négociation, on peut se voir octroyer un rabais de 40 % sur un salon. Mais alors, de combien se fait-on arnaquer quand on ne discute pas ? Résultat de la généralisation de ces pratiques, tout se marchande, tout se négocie : le prix de la chambre d'hôtel, parfois même celui du menu au restaurant. Il n'y a plus de notion de juste prix et la somme à débourser n'est plus que le résultat d'un rapport de force que l'on aura réussi à instaurer avec le marchand. Et à ce genre de sport, ce ne sont pas les plus pauvres les plus doués.

Le consommateur schizophrène

Cette recherche du prix « cassé » a son revers : qui dit prix bas dit objet fabriqué dans de mauvaises conditions sociales et écologiques. Or, si en tant que consommateur, nous cherchons la bonne affaire, en tant que travailleur, nous voulons de meilleures conditions de travail. Mais cette équation n'est pas possible ! En achetant des produits bas de gamme, nous faisons l'impasse sur notre statut de salarié, de citoyen, et finalement c'est le consommateur qui l'emporte sur le producteur. On achète bio et équitable pour pallier cet écueil ? Oui, l'achat de produits biologiques est intéressant, à condition qu'à la qualité gustative du produit, s'ajoute la défense d'une petite exploitation agricole près de chez soi. Mais maintenant que le marché s'est emparé du « bio » et l'a transformé en industrie, acheter bio est plus discutable si seule la pureté du produit est recherchée, sans se soucier des conditions de sa production. On ne peut que souligner au passage la capacité de notre système de récupérer toute forme de résistance citoyenne en la transformant en marché. Quant à la presse gratuite, sur laquelle tout le monde aujourd'hui se précipite avec bonheur, est-elle si gratuite que ça ? Elle n'existe que parce qu'elle est financée par la publicité, qui peut dicter au passage quelques règles puisqu'elle est le payeur. Mais de tout cela, nous ne voulons rien savoir...

Un robinet sans fin

Comme les enfants, nous ne supportons plus l'attente, la frustration liée à nos moindres désirs. « Tout est possible ! » clamait Nicolas Sarkozy pendant sa campagne présidentielle... Même les limites financières ne nous font pas reculer : il y a toujours le crédit à la consommation disponible. Et il faut bien admettre qu'il est difficile de résister aux sirènes des organismes qui proposent de telles facilités. Tout est mis en œuvre pour qu'on puisse avoir sur son compte, sous 48 heures, plusieurs milliers d'euros, sans que les prêteurs s'entourent de beaucoup de garanties, notamment à la rentrée, lors des périodes de tiers provisionnel, ou encore les veilles de vacances. Résultat : les crédits s'enchaînent et le pourcentage de familles surendettées augmente chaque année de façon dramatique.

La vie à crédit

La génération de nos grands-parents ne s'endettait que pour acheter un champ ou une maison, jamais pour partir en vacances. Si elle ne pouvait pas payer, elle s'en passait... Aujourd'hui, à Noël, de nombreux achats se font à crédit. Mais vivre à crédit a un coût bien plus exorbitant que les agios pris par la banque : les remboursements rendent dépendant vis-à-vis de la société, on vit sous perfusion, en perpétuel débit. Une part de nous vit sous dépendance. Qui dit surendettement, dit de plus en plus de travail pour rembourser. On travaille plus pour gagner plus, donc pour consommer plus, on entre dans un cercle vicieux. Le crédit est le nerf de la guerre de notre société d'hyper-consommation, le chiffon rouge qu'elle doit agiter sous notre nez pour faire fonctionner le système... Réapprendre à se donner des limites nous permettra de devenir autonomes, et donc plus libres.

Une société en pleine régression

La théorie psychanalytique illustre ce qui se passe actuellement dans notre société de démesure et d'accumulation. Pour Freud, tout humain passe par trois stades. Le stade oral, où le bébé trouve essentiellement son plaisir par la bouche. Avec l'acquisition de la propreté, l'enfant passe par le stade anal qui consiste à se concentrer sur ses selles, dans un jeu de rétention et expulsion.
Enfin, il atteindra le stade génital à l'adolescence, en découvrant que le plaisir n'est pas uniquement dépendant de lui, mais dépend aussi du plaisir de l'autre. Notre société semble avoir régressé aux deux premiers stades infantiles : oral, avec sa tendance à la boulimie, anal, avec sa tendance à l'accumulation et à la destruction d'objets… Quant au plaisir de l'autre, qui s'en soucie ?

CHAPITRE 2

ARRÊTEZ LA TERRE, JE VEUX DESCENDRE !

La relation que nous entretenons avec le temps va de pair avec cette société du trop-plein qui ne peut penser le monde et la vie qu'en terme de flux, de circulation constante, au mépris de l'équilibre des humains. Dans une société marchande où « le temps, c'est de l'argent », toutes les minutes comptent et se valent...

Toujours plus vite !

Depuis un siècle et demi, on a mis toute notre intelligence à accélérer, à donner la primauté aux temps courts sur les temps longs, à la vitesse sur la lenteur. Nous vivons aujourd'hui dans une succession d'instants qui nous prive de tout repère. Plus le monde va vite, plus nous avons l'impression de manquer de temps, plus nous nous sentons déboussolés, écrasés par cette logique de l' « ici et maintenant », laquelle nous empêche de nous reposer, de nous construire. Le temps n'est plus qualitatif, mais quantitatif. Nos montres digitales, sans aiguille, sur lesquelles chaque seconde défile comme sur un chronomètre illustre bien ce passage. Le temps qualitatif, lui, est bien différent : c'est celui des âges successifs de la vie, le temps de l'enfance, de l'âge adulte, de la vieillesse, qui ont chacun leur tempo. Quand ces rythmes ne sont plus respectés, une menace pèse sur l'équilibre des générations, brouillant tous nos repères.

Un déni d'enfance

Nos enfants sont les premières victimes de cette course de vitesse. Dès cinq ans, parfois même avant, ils ont un emploi du temps de cadre dirigeant, sautent d'une activité à une autre, sans une seule minute pour rêver, s'ennuyer, alors que l'on sait que l'ennui est essentiel dans la construction de l'individu. À cette boulimie d'activités s'ajoute le culte de la performance scolaire : une fois leur cours de piano et de judo terminés, ils enchaînent cours particuliers de maths et séjours linguistiques pendant les vacances. Dans un pays comme le Japon, l'angoisse et le stress se généralisent dès la maternelle ! Le temps de l'enfance est volé, nié, non seulement dans le temps matériel mais aussi dans le temps psychique. C'est ce qui est à l'œuvre dans le phénomène inquiétant de ces petites filles déguisées en Lolita. En grande partie sous la pression des marques – qui ont créé un nouveau marché en inventant des collections de soutiens-gorge et strings en taille huit ans – on déguise en femmes des gamines qui ont encore l'âge de jouer à la poupée, au mépris de leur évolution.

De l'enfant consommateur à l'enfant prescripteur

Grâce à son pouvoir d'achat, l'enfant est devenu la cible des marchands, un vrai consommateur à part entière. Toute cette production qui lui est destinée n'aurait pas été possible trente ou quarante ans en arrière, tout simplement parce qu'il n'avait pas d'argent à sa disposition. Avant 1968, l'objet qui faisait le plus rêver les 15-25 ans était le transistor ; aujourd'hui, c'est la voiture...

À l'enfant consommateur s'ajoute l'enfant prescripteur. Il décide non seulement pour lui, mais d'une grande partie de ce que toute la famille va consommer, que ce soit dans le domaine de l'alimentaire, ou encore sur la destination du lieu de vacances. Il influence même le choix de la marque de la voiture, d'où sa présence non innocente dans de nombreuses publicités pour l'automobile ! Cette participation aux achats va bien au-delà d'un simple constat sur la consommation : c'est la place de l'enfant qui est en jeu. En l'associant à des décisions qui ne sont pas de son âge, ses parents le considèrent comme un adulte en miniature et non comme un adulte en construction, les frontières entre générations s'estompent. Comment alors peuvent-ils se positionner en tant que parents éducateurs ? En traitant d'égal à égal leur enfant, ils perdent leur légitimité, leur autorité pour imposer des limites et assurer leur rôle de transmission.

Une crise générationnelle

Nous assistons à une véritable crise de la parentalité. Adultes et enfants ne s'y retrouvent plus dans cette société sans (re)père qui nie la différence générationnelle.

Aujourd'hui, les enfants dérivent vers l'âge adulte, tandis que les adultes refusent d'assumer leurs rôles et se comportent comme des adolescents, copinant avec leurs enfants, ou s'habillant comme eux. Une illustration de ce brouillage des catégories, de cette inversion des rôles ? Dans une publicité pour Disneyland, on voit les parents en train de faire du manège tandis que les enfants leur lancent un « coucou ! » protecteur chaque fois qu'ils passent devant eux… Que sous-entend cette publicité ? Que ce sont les enfants qui protègent les parents. Un renversement de situation dont l'enfant est le premier à faire les frais. En volant l'enfance de cet « enfant roi » qui décide de tout, on le transforme malheureusement en « enfant proie ». En ne le considérant pas comme un mineur, il ne parvient pas ensuite à devenir majeur. Ayant grandi trop vite, il n'arrive pas à se construire. Résultat : on fabrique des individus sans épaisseur, sans qualité, recherchés par notre société d'hyperconsommation, car ce sont les plus sensibles aux charmes de la publicité, les moins armés contre les sirènes du trop-plein. Le portrait type du consommateur n'est-il pas incarné par l'éternel adolescent n'écoutant que ses envies ? Malheureusement, notre société dérive chaque jour un peu plus vers cette société « adulescente ».

Plus de rituels, plus de conflits...

La disparition des rituels a probablement contribué à cette dérive. À toutes les époques, les sociétés ont inventé des rituels pour baliser le temps qui passe, accordant une importance essentielle à la succession des âges. Il n'y a pas si longtemps, l'entrée dans l'âge adulte était marquée par le service militaire qui quoiqu'on en pense, venait signifier à l'adolescent qu'il était devenu grand. En l'absence de tout rituel de passage, avec l'allongement de la scolarité qui repousse l'âge de l'entrée dans le monde du travail, les petits Tanguy se développent... S'y ajoute la disparition des conflits de générations, pourtant très structurants, car ils viennent rappeler à chacun qu'il occupe une place bien distincte. Mais désormais, parents et enfants communient dans les valeurs partagées de l'hyper-consommation.

Refuser le temps qui passe

Si on en a les moyens et l'envie, la technique permet désormais d'abolir l'âge en effaçant les marques du temps. On peut ressembler à quarante ans à une poupée Barbie grâce à la chirurgie esthétique. On peut aussi enfanter à cinquante-neuf ans, au mépris de l'horloge biologique et du temps naturel du féminin. De plus en plus d'adultes s'accrochent désespérément à leur jeunesse enfuie, incapables d'accepter le temps qui passe, le vieillissement. Le mot « vieux » lui-même n'a plus le droit de cité, on lui préfère le terme de senior, personne du troisième âge. Le vieux, c'est celui qui ne va pas assez vite dans les tourniquets du métro et qui, comble de l'horreur, nous rappelle qu'il est mortel. Comme nous.

Sans passé, sans mémoire...

Le vieux, c'est aussi celui qui « n'y entend rien à l'ordinateur », qu'on n'écoute plus, dédaignant ce qu'il aurait à nous dire. Pourtant, pendant des siècles, les anciens avaient la belle mission de transmettre la mémoire de la famille, et plus largement celle de l'humanité, par des contes et des légendes, soudant ainsi les générations, scandant le temps et donnant à chacun le sentiment rassurant d'appartenir à une longue chaîne. Le grand drame de notre époque est d'avoir perdu sa mémoire, ce qui la rend incapable de se projeter dans le futur. On assiste aujourd'hui au culte de l'individu qui se construirait lui-même, sans passé. Une illusion aussi vaine que néfaste car on ne reconstruit pas tout, à chaque génération. La transmission reste fondamentale, même si notre société aimerait balayer l'Histoire : pour consommer, nul besoin effectivement de connaître son passé.

La part faible de chacun

La construction d'une autoroute oblige la population locale à faire de grands détours. Le passage du TGV supprime des arrêts dans des petites gares, privant des pans entiers de territoire d'une desserte ferroviaire convenable. L'accélération des uns ralentit les autres et la course folle contre le temps est un grand facteur d'inégalité sociale et de violence, telle est la thèse de l'urbaniste Paul Virilio. Une fois encore, ce sont les plus faibles qui subissent les plus lourdes conséquences liées à la vitesse, les milieux sociaux défavorisés, les handicapés, les personnes âgées. Mais cette accélération se fait aussi au détriment de la part faible de chacun d'entre nous, cette part de tendresse, d'humanité que l'on porte en soi et qui se trouve interdite de cité quand nous entrons dans le flux constant d'une vie où toute pause est bannie... L'Histoire prouve pourtant qu'à chaque fois que l'on s'en prend à cette part de faiblesse, c'est l'humanité toute entière qui passe à la moulinette.

Une société sans rythme

Une société hors du temps ne respecte pas plus le rythme des âges de la vie que celui du jour et de la nuit : aux États-Unis, de nombreux magasins sont ouverts 24h/24 pour que l'on puisse consommer sans temps d'arrêt. La tendance est d'instaurer le travail le dimanche, d'ouvrir les centres commerciaux sept jours sur sept. Autrefois, la nuit était le temps de la rêverie, de la confidence, de la révolte et des grandes discussions entre amis, pas celui des achats. Le temps encore de la pénombre, avant que les éclairages publics nous donnent l'impression que la lumière ne se couche jamais... D'ailleurs, on mange à toute heure des aliments sans préparation – pas le temps de cuisiner ! – ne voulant plus se soumettre à la régularité et à la contrainte du temps du repas. La recrudescence de l'obésité et des troubles alimentaires accompagne une telle pratique.

« Y a plus de saisons ! »

Cette exclamation désuète de nos grands-mères prend tout son sens aujourd'hui. L'alternance des saisons ? Une antiquité, à l'heure des climatiseurs en été et des fraises en hiver. Même à la campagne, lieu traditionnellement plus respectueux des rythmes saisonniers, les nouveaux exploitants agricoles, perchés sur leurs tracteurs, ne mettent plus le pied sur le sol qu'ils cultivent, font pousser des légumes toute l'année sous des serres industrielles. Rien à voir avec la lenteur du geste du faucheur qui n'aurait de toutes les façons pas pu travailler à ce rythme, limité par la fatigue physique. À la campagne désormais, il n'y a plus de saisons de repos, comme c'était le cas de l'hiver autrefois.

Une société impatiente

Les nouvelles technologies ont tout simplement rendu l'attente insupportable : la pratique des courriers électroniques suppose une réponse immédiate et nous laisse trépignant de frustration quand une panne nous prive de notre courrier quelques heures. Plus ennuyeux : elle se répercute sur les relations entre internautes. Les forums de discussion sont générateurs d'échanges extrêmement violents, car on n'a plus le temps d'élaborer une pensée, de construire un raisonnement, comme à l'époque qui nous paraît si lointaine où l'on prenait la peine de s'écrire des lettres et où l'attente de la réponse faisait partie du rituel. Cette immédiateté malmène la relation humaine et supprime ce qui fait lien : les élémentaires marques de respect pour se côtoyer entre individus disparaissent. Combien de messages restent sans retour ni formule de politesse ? Pas le temps d'un « bien reçu », ni d'un petit bonjour ni d'un merci...

Vitesse... ou spectacle de la vitesse ?

Nos déplacements doivent être les plus rapides possible. On vante à longueur d'année les mérites du TGV à grands renforts de messages publicitaires, dont un des derniers laisse rêveur : « Prenez le temps d'aller vite ». Et pourtant, savez-vous que le TGV, qui nous semble le comble de la modernité et flatte notre imaginaire d'homme pressé, ne représente qu'une infime partie de la circulation totale des trains ? Le plus gros du trafic ferroviaire se fait grâce au bon vieux TER, avec son allure de tortillard désuet et sa lenteur qui le discrédite, tandis que le TGV nous donne l'impression de repousser toujours plus loin les limites du temps. C'est tout notre imaginaire qui se trouve contaminé : le culte de la vitesse est plus un culte de son spectacle qu'un culte de la vitesse elle-même. Prenons la voiture : les travaux d'Ivan Illich ont montré que sa vitesse réelle en ville est inférieure à celle du vélo : si on divise le nombre de kilomètres parcourus en une année par la somme du temps passé dans sa voiture et au travail pour la payer, on obtient une moyenne de 10 km/h ! Même illusion pour l'entretien du linge : malgré nos machines, nos séchoirs, nous ne passons pas moins de temps à laver nos habits qu'il y a un siècle. L'explication ? Certes, il existe une exigence de propreté plus importante, mais pas uniquement. Il faut aussi chercher du côté des tissus de nos vêtements : les textiles naturels permettaient de les porter bien plus longtemps sans dégager d'odeur, contrairement à nos matières synthétiques. Le temps passé au travail ménager n'a pas non plus diminué de façon spectaculaire. Nos leaders actuels sont un bon exemple de cette illusion : ils s'y entendent pour nous donner en permanence le spectacle de la vitesse comme preuve d'efficacité. On ne peut s'empêcher d'avoir une pensée pour les péripatéticiens, qui philosophaient au rythme de leurs pas : nos politiques feraient bien de s'en inspirer !

Une société sur tapis roulant

La vitesse ne malmène pas uniquement le temps mais aussi l'espace, réduisant le territoire à néant. À la société du « hors du temps » correspond une société du « hors sol ». On ne voyage plus, on se déplace d'un point à un autre, le plus rapidement possible, que ce soit en avion ou en voiture. Vous pouvez traverser le pays à toute allure, n'apercevant des régions parcourues que de vagues panneaux sur le bord de l'autoroute, signalant une abbaye ou un château, que vous ne visiterez sans doute jamais. Nous défilons sur le territoire comme sur un tapis roulant. Tout l'espace est dénaturé par des pénétrantes, des viaducs, des boulevards périphériques qui coupent et laminent le tissu urbain et empêchent toute déambulation.

Des villes sans âme et sans repères

Nous avons inventé des villes qui sont indissociables de la voiture. Mais ces villes détruisent les centres, bannissent les commerces de proximité, nous obligent à vivre de plus en plus éloignés de notre travail, de nos loisirs. Bref, nous voilà délocalisés, vivant un peu à l'image de ces tomates qui poussent hors sol, sans racine. Notre ville moderne n'est plus une ville à vivre, mais à traverser. Elle a perdu son âme et son identité, au profit d'une structure qui s'étend comme une pieuvre, sans limite, sans centre, sans périphérie. Cette nouvelle substance urbaine se généralise et nous voilà entrés dans l'ère de la ville générique, qui se répète à l'infini. Quand on voyage, il est finalement difficile de savoir si l'on se trouve aux abords de Madrid ou de Milan... Pour l'ethnologue Marc Augé, le summum de ces non-lieux vidés de toute identité est représenté par les aéroports, identiques d'un bout à l'autre de la planète.

Silence !

Essayer de trouver un peu de silence dans la ville relève d'une mission impossible. Les écrans de télévision se multiplient dans les cafés, les supermarchés, et les magasins diffusent de la musique en continu. Même la nuit, le bruit ne cesse pas. Pour échapper à cette cacophonie constante, de plus en plus de personnes utilisent un baladeur pour choisir ainsi le « bruit » qu'elles veulent entendre. Dans ce contexte, demander son chemin dans la ville devient périlleux : entre ceux qui téléphonent et ceux qui ont des écouteurs dans les oreilles, il n'est pas facile de trouver un interlocuteur disponible...

Le centre commercial, ogre moderne

Cette nouvelle ville moderne se caractérise par ses banlieues devenues de vastes entrepôts aux enseignes commerciales toutes identiques. Pour l'architecte Rem Koolhaas, inventeur du concept de Junk space – espace pourri – le modèle du centre commercial a dévoré progressivement la ville. Mais le problème de cet « espace pourri » n'est pas uniquement d'ordre esthétique ! Ces temples dédiés aux achats cassent la rencontre entre les individus, détruisent toute relation, le centre commercial étant une véritable aberration sur le plan du lien social. On ne s'y rend pas pour rencontrer l'autre, comme c'était le cas sur la place de la ville traditionnelle, mais pour consommer. Le cercle vicieux se met en place : les personnes n'ont plus de lien, donc elles sont isolées, elles sont isolées, donc elles consomment, faute de pouvoir s'inscrire dans une histoire, dans un quartier, dans une généalogie...

Être né quelque part !

On assiste aujourd'hui à un aplatissement total de l'espace : les produits, les marchandises, les capitaux, les usines, tout comme les humains, ne sont plus inscrits dans un territoire. Cette absence d'ancrage est d'ailleurs indispensable dans cette société de gavage car ce phénomène joue contre la densification des villes et des individus. Il est mal venu dans notre monde moderne d'être « un imbécile heureux qui est né quelque part » comme le chantait Georges Brassens. Les accents sont bannis des médias, les langues régionales ont été délégitimées et ne doivent leur survie qu'au folklore. Cette « casse » des identités régionales n'est pas une récrimination passéiste, mais pose un vrai problème de société, renforçant les phénomènes de racisme et de rejet. Pourquoi ? Parce qu'il faut avoir le sentiment d'appartenir à un lieu pour pouvoir s'ouvrir aux autres, sans risquer de se diluer, tout comme il faut avoir une culture culinaire pour apprécier des mets venus d'ailleurs. Si je ne sais pas qui je suis, d'où je viens, il m'est très difficile d'accepter l'autre parce qu'il représente un danger potentiel : moins je suis fort et solide, plus je me sens menacé par l'altérité. Cette perte d'une inscription dans un espace est génératrice de violence et d'incompréhension. Il n'est pas étonnant dans ce contexte que nos banlieues soient devenues des poudrières, menacées par le communautarisme. La solution est bien dans la réaffirmation d'une inscription dans un lieu, qui ne soit pas synonyme de fermeture mais d'ouverture aux autres et à la différence. Bref, « du local sans les murs ».

Le mythe de la société sans frontière

Les États-Unis se sont constitués de façon totalement inédite, selon le grand mythe du « vide des frontières ». C'est une société sans racines, qui a toujours voulu avancer, dépasser les limites : celles vers l'ouest, puis celles de l'espace, et enfin aujourd'hui, celles du génome humain. Dès sa création, le modèle de cette société s'est voulu extensif, et de nos jours, il tend à se généraliser. Faut-il s'en réjouir en considérant que la culture planétaire s'est construite sur ce modèle américain, puisqu'elle résulte d'un melting-pot ?
Mais on peut aussi se demander si, pour s'ouvrir à une autre culture, il n'est pas nécessaire d'avoir soi-même une identité bien ancrée...

Le voyage « hors sol »

Le voyage « hors sol » tend à se généraliser et de nombreux voyageurs sillonnent la planète sans rencontrer autrui, reproduisant à l'identique ce qu'ils vivent chez eux. Des études montrent que de plus en plus de voyageurs s'enferment dans des centres de vacances sécurisés dont ils ne sortent qu'en autocar pour acheter des souvenirs. Il ne suffit pas de se déplacer pour voyager. Et la rencontre avec l'autre demande toujours du temps et de l'effort.

CHAPITRE 3
SOURIEZ, VOUS ÊTES SURVEILLÉS...

Cette société du trop-plein oblige à une transparence qui s'accompagne d'une surveillance permanente. Notre intimité est bafouée, mais aussi notre autonomie. Est-ce une nécessité pour faire de nous des bons consommateurs ?

Tout dire, tout voir

Dans la même logique du « tout, tout de suite », on constate qu'aujourd'hui, tout doit se voir, tout doit se dire. Nous sommes entrés dans une société de voyeurs et d'exhibitionnistes, où l'homme ne sait plus se tenir dans l'ombre. On touche une fois encore au problème de la limite, quand s'instaure une telle confusion entre intimité et scène publique. Le succès des émissions de témoignages, où chacun étale sa vie, s'exhibe sans pudeur, montre à quel point nous sommes en train de perdre toute notion d'intimité. Que signifie le choix de la télévision pour révéler son homosexualité en livrant sa part la plus secrète à des millions de téléspectateurs ? Cette incapacité grandissante à garder des choses pour soi, une part de non-dit dans sa vie, souligne ce besoin incessant de s'affirmer, comme une compensation dérisoire à la perte du sentiment d'exister en tant qu'individu à part entière. C'est toute la différence entre érotisme et pornographie : voile des *Mille et Une Nuits* qui suggère, et nudité qui exhibe ; sur une autre échelle, on pourrait aussi opposer à la nudité absolue la burka qui anéantit…

Plus de droit à l'oubli

Corollaire de cette transparence, la société ne nous accorde plus le « droit à l'oubli ». Or, il est nécessaire à tout esprit humain, qu'il soit conscient ou inconscient. Une des difficultés des couples à durer aujourd'hui réside à la fois dans cette obligation de transparence, où chaque dispute est disséquée, où le moindre non-dit devient insupportable, s'accompagnant d'une impossibilité à effacer la note. On pense à la réflexion de l'humoriste Sempé : « Dans ma vie, j'ai beaucoup pardonné, mais j'ai gardé la liste »... Le fichier Edvige, qui prévoit d'instaurer une trace tout au long de la vie, est redoutable car il empêche l'exercice de ce droit à l'oubli. Quand un enfant fait une bêtise, il est normal qu'il soit sanctionné tout comme il est normal que l'on passe ensuite l'éponge, que l'on efface tout. Que vont être nos vies quand elles seront répertoriées dans un grand fichier, stockées, et que l'on pourra nous ressortir une contravention pour état d'ivresse datant de trente ans ?

Suivis à la trace

Grâce aux puces électroniques, on peut désormais savoir exactement où nous nous trouvons à toute heure du jour et de la nuit. Ce système a été mis en place pour les délinquants, mais contamine petit à petit d'autres secteurs, notamment le suivi des personnes âgées ou malades. On avance des raisons de sécurité, certes, mais il s'agit quand même d'un véritable fil à la patte, tout comme le téléphone portable est emblématique de notre société où l'on reste joignable en permanence. Cette obligation de transparence est une violence, non seulement par les outils qu'elle utilise, mais aussi parce qu'elle traque les individus jusque dans la rue, par le biais de la généralisation des caméras dans la ville. Vous courez un peu trop vite ? Votre image va être analysée, décryptée, de la même façon que vous serez repérés si vous laissez un sac au sol. En Angleterre, quand quelqu'un jette un papier par terre, il risque à tout moment d'être interpellé et subir des remontrances grâce à des haut-parleurs installés dans la rue.

Dites-moi tout...

Nos nouveaux modes d'organisation au travail font eux aussi obligation de transparence, au mépris de la vie privée. Lors du recrutement, il est demandé au candidat, en plus de sa qualification professionnelle et de ses différentes expériences dans son domaine de compétence, de dire qui il est, ce qu'il aime. On sonde les ressorts psychologiques de sa motivation en utilisant notamment des techniques de PNL (Programmation neuro-linguistique). De telles pratiques ont même contaminé les secteurs associatifs, où par exemple, une jeune fille se présentant pour un travail de monitrice de colonie de vacances s'est vu demander : « Mais pourquoi est-ce que je vous embaucherais, vous, plutôt qu'une autre ? » Pour certains postes de cadres supérieurs, les dirigeants demandent à venir dîner au domicile des postulants pour se faire une idée sur le candidat à travers son intérieur, mais aussi le choix de sa femme. Comment refuser une telle invitation quand on sait qu'elle conditionne l'embauche ? Sans parler des stages de motivation où chacun doit confier une part d'intimité... Le salarié n'est plus au bureau pour bien travailler, mais il doit s'engager corps et âme, dire qu'il aime son job. Chez Nike, certains vont jusqu'à se faire tatouer la fameuse virgule sur la cheville, en signe d'adhésion à l'entreprise.

Je te vois !

Sur le lieu de travail encore, pas question d'avoir sa part d'ombre. Les salariés sont sous haute surveillance : vidéos dans les bureaux, caméra braquée sur la machine à café pour épier le personnel, surveillance des ordinateurs grâce à des logiciels espions, multiplication des écoutes téléphoniques, généralisation de bureaux transparents et d'espaces ouverts pour que chaque salarié devienne le contrôleur de son voisin. Certaines entreprises encouragent, voire exigent, la délation : chaque salarié est censé rapporter ce qui ne va pas à son supérieur. Ces formes extrêmes masquent des formes bien plus pernicieuses, bien qu'en apparence plus banales : c'est le mouchard qui localise le véhicule du commercial ou du livreur, relié à son entreprise par une véritable laisse électronique. Le fait même de savoir que tout se voit suffit : à terme, il n'y aura même plus besoin de mouchard de service !

Montre-moi ce que tu aimes

Cette logique de transparence se retrouve également dans les techniques de marketing : aujourd'hui, on dispose des moyens de connaître les consommateurs, sonder ce qu'ils pensent, ce qu'ils aiment, au-delà des traditionnelles études de marché. Les instruments de mesure se sophistiquent chaque jour davantage. Des caméras oculaires sont fixées sur la tête des cobayes pour observer la direction de leur regard face à des images et des produits. Mieux, on dispose désormais du pupillomètre, qui scrute la dilatation de l'œil, censée traduire l'intérêt et le désir ! On détermine ainsi statistiquement les images les plus efficaces, les emballages les plus appréciés. Vous pensez être à l'abri car vous ne participez jamais à ces tests ? Détrompez-vous. On vous filme en train de déambuler dans les linéaires du supermarché, pour voir comment vous vous comportez dans les rayons. L'analyse minutieuse de vos tickets de caisse, de vos cartes de fidélité permet d'avoir suffisamment de renseignements sur vos habitudes d'achats pour vous mettre en fiches. Grâce à la carte de son magasin, Carrefour possède des données sur plus de vingt millions de clients dans le monde, données qui permettent de savoir exactement ce que consomme chacun d'entre eux. À la banque aussi, votre banquier connaît toutes vos opérations. Sur Internet, la trace de vos achats est encore plus simple : les *cookies*, ces mouchards informatiques, suivent pas à pas vos visites de sites, vos commandes,

pour pouvoir vous envoyer des publicités ciblées. Vous avez commandé plusieurs livres sur l'Amérique du Sud ? Vous êtes repérés comme une cible potentielle pour l'achat d'un nouvel ouvrage ou d'un voyage à destination de Buenos Aires ou Lima...
On estime que les grands spécialistes du marketing ont mis en fiches plus de 50 % des Français et qu'ils revendent leurs listings à toute entreprise qui en fait la demande (source *Putain de ta marque !*, Paul Ariès). C'est ainsi que lorsque vous avez dépassé la cinquantaine, vous découvrez le catalogue Damart dans votre boîte aux lettres sans avoir rien demandé. Ces possibilités de flicage sont utiles sur le plan marketing mais on peut voir aisément comment elles pourraient être exploitées dans le champ politique, et c'est très inquiétant !

Je suis un rebelle !

Toujours plus fort, cette obligation de transparence agit sur la façon dont l'individu se perçoit. On le voit lors des sondages politiques et comment ils peuvent influencer le vote au moment d'une élection. On sait que l'électeur va dans le sens du plus grand nombre, tout comme le consommateur se conforme à ce que la majorité semble trouver indispensable à son bonheur. Il finit d'ailleurs par se considérer comme un individu appartenant à une catégorie déterminée par les techniques de marketing, selon les critères définis par le « socio-style ». Chaque individu n'appartient plus à telle classe sociale, mais à un profil-type : c'est un décalé, un réfractaire, un traditionnel. Il existe une contamination dans la façon dont on se qualifie soi-même, par des critères qui n'ont une efficacité que dans le champ de la consommation. Toutefois, celui qui affirme « Je suis rebelle à l'informatique » n'est pas pour autant un contestataire politique...

Qui es-tu ?

Les nouvelles technologies permettent désormais de savoir où nous nous trouvons, ce que nous consommons, mais aussi qui nous sommes, comment nous vivons. La vie privée n'est plus respectée, les documents d'assurance doivent être signés par le médecin ; y figurent des informations concernant le tabagisme, l'alcoolisme, les antécédents familiaux... Certaines assurances imposent des analyses d'urine qui permettent de définir ce que nous consommons (cannabis, etc.). Un nouveau système de contrôle des identités est à l'étude et il fait froid dans le dos. Est-ce bien cet écolier qui passe le portillon de la cantine qui a le droit de manger ? La présentation d'une simple carte n'est plus suffisante, puisqu'il serait possible éventuellement de l'emprunter. La reconnaissance se fera par les empreintes digitales en demandant à l'enfant de poser sa main sur une plaque. Son compte n'est pas à jour ? Le portillon ne s'ouvre pas.

Au nom de la sécurité

Celebration, une ville de Floride, est le prototype de la ville gérée par Disney et la caricature de ce type de procédé. Les enfants y ont tous l'obligation de porter une bague qui contient toutes les informations nécessaires pour gérer leur existence : leur carnet de santé, leur bulletin scolaire, leur carte de bibliothèque, au nom de la sécurité bien entendu.
Que dire encore des caméras qui permettent de surveiller son gamin 24h/24, de mettre la chambre sous télésurveillance pour garder à l'œil la baby-sitter ? Le principe de sécurité nous habitue à ce flicage constant, d'où le lien étroit entre cette société de transparence et une société de surveillance, avec son trop-plein de règles dans tous les domaines. Le plus grave ? Que les gens soient prêts à adhérer à un tel modèle sans rechigner.

Des règles qui se multiplient

Actuellement, tout ce qui semble aller dans le sens de la sécurité ne rencontre aucune résistance. Qu'on réfléchisse un instant à l'immense difficulté d'organiser des sorties scolaires, des camps de vacances tant les interdits se multiplient, jusqu'à la suppression des goûters d'anniversaire en classe par risque d'intoxication alimentaire... On ne proteste pas non plus contre l'interdiction d'utiliser des œufs frais dans la restauration collective et la peur d'une éventuelle intoxication nous fait avaler des mets insipides sans broncher. Ce trop-plein de règles nous conduit à une véritable idéologie sécuritaire, nous fait passer de l'hygiène – saine et positive – à un hygiénisme redoutable. On préfère alors pointer du doigt les comportements individuels plutôt que remettre en cause des maux collectifs, liés à nos modes de consommation. La loi anti-tabac en est une bonne illustration : ne permet-elle pas surtout de dissimuler d'autres dangers de notre société, comme les maladies professionnelles, la pollution industrielle ? Le tabac est un bouc émissaire bien pratique qui nous empêche de nous pencher sur le danger que pourraient représenter, par exemple, les ondes électromagnétiques.

Infantilisés, démunis...

La multiplication de ces règles nous étouffe, cette protection qui nécessite une surveillance constante nous infantilise : n'est-ce pas l'enfant dont on contrôle les faits et gestes, dont on traque les moindres dérapages ? Devenir grand, c'est savoir que les parents ne savent pas où vous êtes... Cette société de haute surveillance nous désapprend à nous protéger nous-mêmes, à gérer nous-mêmes les risques. On part à l'aventure dans le désert ou en montagne bardé de portable et de GPS, sûr ainsi de ne pas se perdre, mais on est incapable de lire une carte ou de se servir d'une boussole. Or, moins les personnes sont aptes à se prendre en charge, plus elles sont dépendantes d'objets techniques faillibles et coûteux, plus elles sont malléables. On ne peut grandir que par l'accès à l'autonomie, à la culture, en renonçant à sa toute-puissance. Toutes ces règles sécuritaires n'apportent d'ailleurs qu'un ersatz de sécurité car ce qui apporte la vraie sécurité, ce sont les institutions, toutes en crise aujourd'hui. La famille implose, mais elle instaure un contrôle des moindres faits et gestes de ses enfants. L'école généralise les techniques de surveillance, mais n'arrive plus à jouer son rôle de transmission du savoir...

Un tri dans ce qui est montré

Notre société montre-t-elle vraiment tout et tout le monde ? Elle choisit ce qu'elle veut bien exhiber... Ainsi, au cinéma, à la télévision ou dans les journaux, le peuple est rarement représenté. Par exemple, pour les vacances, les médias détaillent les loisirs festifs de quelques-uns (vedettes, milliardaires, etc.). Cette valorisation d'une minorité de pratiques délégitime les pratiques ordinaires, comme si elles ne méritaient pas d'être montrées. Que disent implicitement ces surreprésentations de vies luxueuses ? « Ce que tu vis n'a aucun intérêt, tu es un minable ». Pourtant, il existe toute une richesse de culture chez les « gens de peu » – titre d'un livre de Pierre Sansot – mais cette existence ordinaire n'est plus valorisée. Dans une société où les identités sont malmenées, le succès du film *Les Ch'tis*, qui a été vu par vingt millions de spectateurs, vient rappeler qu'on est né quelque part et qu'on a droit à une existence respectable, même quand on ne passe pas ses vacances sur un yacht.

La consommation comme lot de consolation

Toute cette entreprise de dévalorisation n'est pas gratuite. Pourquoi la publicité sexiste fonctionne-t-elle à merveille alors qu'elle s'adresse à des femmes et met en scène des représentations éloignées d'elles et de leur quotidien ? N'est-ce pas justement une façon de mettre en échec la personne réelle ? De l'amener à consommer pour se consoler de n'être pas aussi belle et aussi riche que le mannequin sur la photo ? Au moins, elle peut toujours s'acheter l'objet et avec lui, un brin d'illusion... C'est la condition même du besoin de remplissage : l'apaisement d'une déception, d'une frustration. Ce n'est que quand on est stressé, malmené qu'on a tendance à sombrer dans l'achat compulsif, la boulimie... Plus je suis déstabilisé, plus je suis disponible pour sombrer dans l'excès. D'ailleurs, quand on est heureux, amoureux, on se contente de peu : on trouve ailleurs un sens à son existence. Ne dit-on pas très justement « vivre d'amour et d'eau fraîche » ? En revanche, la solitude, l'échec poussent souvent à se consoler dans l'achat d'objets.

De l'adhésion à la fausse révolte

Cette abondance d'objets qu'on ne peut s'offrir peut susciter deux types de réactions opposées : l'envie d'accéder aux modes de vie des classes supérieures, ou son rejet, exprimé par l'attrait pour le voile islamiste, et une certaine forme de violence des banlieues. Mais l'adhésion béate comme la révolte nihiliste sont deux postures enfantines et l'on peut facilement basculer de l'une à l'autre.

Big Mother et Big Brother : les deux faces d'une même société

D'un côté, la société se présente comme un grand sein intarissable, une sorte de Big Mother qui nourrit à volonté, protège, cajole et n'exige rien d'autre que la fusion. Face à cette tendance très régressive, Big Brother a une obligation de contrôle, de surveillance, de sanction. Cette logique se voit bien à travers les comportements des supporters dans les stades. Dans un premier temps, on assiste à l'attitude régressive que traduit ce besoin de faire groupe, de fusionner, pour se sentir exister – tous les régimes totalitaires ont usé de cette technique – réveillant la part la plus barbare, la moins civilisée de l'humain. D'où les débordements de violence auxquels on assiste à chaque match, qui engendrent l'obligation d'un contrôle maximal. Les deux faces de cette société se tiennent : le besoin d'être pris en charge s'accompagne d'une nécessité de surveillance…

CHAPITRE 4
LE CULTE DE LA PERFORMANCE

Toujours jeune, toujours en forme ! Nous voilà entrés dans une véritable « sportivation » de la vie pour tenter d'oublier notre condition humaine : nous allons tous vieillir et nous sommes tous mortels...

Notre corps, un capital à valoriser

Après avoir sombré dans la démesure en matière de consommation, nous voilà tombés dans le summum de la dévoration : nous consommer nous-mêmes ! On le rappelle encore : une société de consommation n'est pas seulement une société où l'on consomme davantage mais une société où l'on consomme d'autres types de biens.

Notre corps est devenu notre nouveau trésor, un capital à valoriser. Nous engageons une véritable lutte contre lui, en devenant notre coach le plus impitoyable, exigeant toujours plus et toujours mieux de lui. Le sport aujourd'hui s'est mis à fonctionner au-delà de son cadre, au-delà de l'activité physique pure. Le dépassement de soi, le culte de la performance ont des exigences qui passent par le corps, soumis au caractère impérieux du paraître, à la nécessité d'être toujours en forme. Mais cet impératif ne se soucie pas de la limite humaine et ravale l'homme à son fonctionnement purement mécanique. Le corps devient alors une machine à perfectionner, à coup de musculation intensive et de chirurgie esthétique.

Un esprit malade, dans un corps malmené...

Depuis l'Antiquité, la pratique du sport est valorisée, encouragée, parce qu'elle est censée apporter un mieux-être sur le plan physique et mental. C'est le fameux « un esprit sain dans un corps sain ». Mais le sport à outrance en vogue aujourd'hui entraîne exactement l'effet inverse... Il est responsable désormais de multiples pathologies, est la cause d'un millier de décès par an et de 10 % des arrêts de travail pour maladie ! On est loin de l'objectif fixé qui serait de se sentir mieux dans son corps. Quand on considère le corps comme un objet de production, il montre les mêmes signes de fatigue qu'une machine qu'on laisserait tourner 24h/24, sans jamais changer les pièces.

L'esprit de compétition

Le sport est devenu une véritable idéologie de la réussite, mais aussi de la concurrence. Comme au travail. Cette idéologie de « la gagne » n'a pourtant pas toujours été de mise, comme le mentionnent les travaux de l'ethnologue Pierre Clastres. Ce dernier, qui a longtemps étudié certaines sociétés dites « primitives » – dont on serait souvent bien avisé de s'inspirer – montre que lors d'une course à pieds, les enfants franchissent tous en même temps la ligne d'arrivée. L'essentiel n'est pas de se démarquer des autres par une réussite personnelle, mais au contraire d'affirmer la supériorité de la cohésion du groupe. Ce qui poserait problème, ce serait justement de se mettre à l'écart ! Toujours dans la même philosophie, il y a encore quelques années en Amérique du Sud sur les hauts plateaux andins, on poursuivait le match de football jusqu'à ce qu'il y ait égalité…

Le goût de l'effort

Il n'est pas question ici de nier les vertus du goût de l'effort, ni la satisfaction de dépasser ses propres limites que l'on connaît tous quand il s'agit de gravir une montagne en randonnée. Mais quand on marche pour admirer un beau paysage, qu'on endure la fatigue et le soleil, le désir se construit petit à petit, le sommet à atteindre devient un plaisir qui se mérite. Ce que nous dénonçons ici, comme tout au long de ce livre, c'est la volonté de toujours repousser la résistance, au mépris des signaux de souffrance envoyés par son corps. Le dérapage, c'est quand la part d'humain est niée en l'homme : on ne peut pas oublier ses limites... Il faut accepter de ne pas avoir les mêmes performances à cinquante ans qu'à vingt, ce que de plus en plus de personnes refusent de prendre en compte. Là encore, les médecins s'alarment de ces quinquagénaires obsédés par leur silhouette, qui mettent leur vie en danger par une pratique du sport qui confine à l'addiction. La logique du dépassement reflète bien la logique de l'ensemble de la société, mais elle finit par se retourner contre l'individu lui-même, contre ses propres faiblesses.

Le dopage généralisé

Compétition effrénée, refus d'accepter ses limites... Il n'est pas étonnant que dans un tel contexte, le dopage se généralise, que ce soit dans le sport professionnel, mais aussi dans le sport amateur. Le but étant d'être toujours meilleur, contre l'autre ou contre soi, le sportif a recours aux anabolisants, aux amphétamines, aux excitants cardiaques. Ces produits ont un effet positif sur les performances et la fatigue, mais à quel prix ? Les méfaits sur le plan corporel chez les sportifs de haut niveau sont considérables : arrêt des règles chez les femmes, troubles de la sexualité, vieillissement prématuré, décès parfois dans la plus grande indifférence, car il intervient quelques années après que les vedettes ont quitté podiums et stades. Les organisateurs des fédérations sportives livrent un nouveau combat : le sport propre, à l'instar de la guerre propre. L'un comme l'autre sont un non-sens, une façon bien commode de rassurer le public. Savez-vous que si l'on décidait d'interdire tout dopage, les performances sportives retomberaient au niveau de celles des années 60 (source *La Tyrannie sportive*, Jean-Marc Brohm) ? On imagine la tête du public – et celle des sponsors ! – si les sportifs en venaient à « régresser » ainsi…

Un besoin permanent de tuteurs

Le monde est devenu tellement dur que nous sommes de plus en plus nombreux à nous doper en dehors des stades. Pour faire face au stress, certains cadres en viennent même à prendre des amphétamines, voire de la cocaïne, pour pouvoir enchaîner les nuits blanches et les journées de douze heures. On a aujourd'hui le sentiment de ne plus pouvoir tenir sans ces tuteurs que sont les vitamines, les pilules pour dormir, celles pour se réveiller, sans parler de l'absorption des anti-dépresseurs dont nous sommes les champions en France. Est-il bien normal que nous ne puissions plus vivre sans soutien chimique ? Ne faut-il pas y voir la preuve que notre monde soumet l'humain à un rythme et des exigences qui le dépassent ? Même les coups de blues, les baisses de forme sont regardés avec suspicion. Il faut être mince, en forme, le sourire aux lèvres pour ne pas être exclu de ce monde de brutes. Ainsi, les témoignages de salariés qui se plaignent de discriminations à l'embauche parce qu'ils ne correspondent pas aux critères esthétiques du moment se multiplient. Tout aussi triste, ces cadres vieillissants qui se font tirer la peau pour pouvoir continuer à travailler…

Un corps toujours décevant…

Trop gros, trop vieux, le corps est devenu un fardeau toujours décevant. Parce qu'il refuse de se plier à nos exigences, parce que les normes esthétiques en vigueur ne correspondent qu'à une petite poignée d'individus. Tous les autres doivent se battre contre leur « nature ». Il existe un désir légitime de ne pas se laisser aller, de s'entretenir, de se sentir bien dans son corps, tout cela en gardant le sens des limites, mais à partir du moment où l'on veut tendre à la perfection, nous voilà forcément mis en échec. Notre corps ne nous semble jamais à la hauteur, faisant la fortune des chirurgiens esthétiques, des salles de sport et des diététiciens !

La folie des régimes

Alors que les guerres sévissent dans le monde, que le réchauffement climatique menace, que le chômage fait des ravages, savez-vous quelle est la plus grande crainte des femmes ? Prendre du poids. 18,4 % des jeunes filles de 15 ans déclarent faire un régime et 27,8 % pensent avoir besoin de perdre du poids : au total, plus de 46 % des jeunes filles se trouvent donc trop grosses (source *La santé des élèves de 11 à 15 ans en France*, Inpes 2008). Dans le même temps, on voit de plus en plus de femmes s'épuiser pour perdre trois kilos qui leur « gâchent la vie », disent-elles. Pendant qu'une grande partie de la planète peine à se nourrir, une autre se bat contre ses grammes en trop à coup de gaspillage, comme ces américaines qui salent leur dessert après en avoir mangé quelques cuillerées pour s'empêcher de le terminer. Ou encore ces régimes où l'on vous somme de jeter la moitié de votre assiette à la poubelle pour retrouver le sens de la limite.

Le riche, c'est le mince...

Cette dictature de la minceur entraîne de plus en plus de désordres alimentaires, des dérapages vers le cercle infernal de la boulimie et de l'anorexie. Il existe une tension paradoxale entre cet individu du trop-plein qui se gave de gadgets de consommation et qui, dans le même temps, voudrait se vider et mincir. Notre époque a la haine du gros, du gras, à l'inverse de certaines cultures où l'on prônait la femme en chair, la femme-fruit qui donnait la vie. Les hommes sont désormais rattrapés par cette folie de la forme sans les formes : il n'y a pas si longtemps, le bourgeois affichait fièrement sa bedaine, symbole de sa réussite sociale. Aujourd'hui, c'est le riche qui est mince, pouvant s'offrir coach sportif et légumes frais tandis que les plus défavorisés sont menacés par l'obésité.

Le refus de vieillir

Mince et musclé = jeune... Telle est l'équation à laquelle les humains, homme comme femme, veulent tendre. Que trahit cette obsession d'un corps maîtrisé ? Notre peur du vieillissement et de la mort. Là encore, nous ne pouvons connaître que l'échec, tout au plus un petit sursis à force de régimes, d'abdominaux et de footings intensifs, mais jusqu'à quand ? La première sagesse que nous enseigne notre corps est ce rappel constant et précieux du temps qui passe : oui, nous vieillissons, oui, nous sommes mortels. Quoiqu'on fasse, la mort est notre plus grande et notre ultime limite.

Le mythe du « *cyborg* »

Reculer la limite humaine, c'est ce qu'on cherche désormais à instaurer avec l'invention du *cyborg*. L'idée ? Mixer homme et machine, pour un meilleur rendement. La manipulation génétique est désormais en mesure d'améliorer les performances sportives ; les implants et les prothèses aussi, soulevant de nouvelles questions. Lors des derniers Jeux olympiques de 2008, un coureur handicapé muni de deux prothèses a couru plus vite que des individus qui avaient leurs deux jambes ! Quand on ne différencie plus l'homme de la machine, nous ne sommes pas loin de la barbarie…

Quand le sport était interdit

Pendant la première phase d'industrialisation, le sport a été interdit aux masses populaires car on considérait qu'il pouvait amoindrir leur capital physique dont l'industrie avait besoin. En Angleterre, le roi Charles Ier dut même édicter des lois pour limiter les abus des patrons. Mais à la fin du XIXe siècle, revirement de situation : on se mit à introduire le sport à l'école, non pour le plaisir, mais pour préparer de futurs soldats, d'où leur appellation de « bataillons scolaires ». Aujourd'hui, le sport remplit une tout autre fonction : il forme non plus de la chair à canon, mais de la chair à consommation. Sa pratique actuelle banalise l'esprit de compétition et fait trouver normale et naturelle la logique économique. Enfin, n'est-il pas préférable pour notre société de voir les salariés taper dans un ballon ou hurler dans un stade plutôt que de récriminer contre leurs conditions de travail ?

CHAPITRE 5
JOUIR SANS DÉSIR, SANS LIMITE...

Notre sexualité est menacée par cette logique du « toujours plus ». Une escalade qui ne rend pas forcément les couples plus heureux ni plus satisfaits de leurs rencontres amoureuses.

Une critique difficile

Soyons francs, il n'est pas facile de dénoncer les excès en matière de sexualité sans passer pour un puritain coincé ou un « dur à jouir ». Probablement parce que la critique dans ce domaine est toujours venue des moralistes ou des religieux. Mais osons quand même aborder le sujet sans tabou, dont le plus tenace aujourd'hui voudrait justement... qu'il n'y en ait plus ! Nous sommes passés en quelques décennies d'une société qui refusait de parler de sexe à une société qui en a fait son fonds de commerce le plus prospère. D'une culpabilité à jouir, à une culpabilité à ne pas le faire. Le sexe s'affiche partout, dans les livres, les revues, les émissions de télévision. Les animateurs savent bien que le sujet passionne et flatte le voyeur qui sommeille en chacun de nous. Ils programment toujours la rubrique du sexologue en fin d'émission, s'assurant ainsi de garder le spectateur jusqu'à la fin... et la manne publicitaire qui accompagne l'audimat !

De nouvelles normes éloignées des pratiques réelles

Mais que montre-t-on dans ces émissions ? Des amateurs de partouzes, des partenaires sado-maso, des accros aux films pornographiques de plus en plus « hard ». Si l'on s'en tient à ce qui est traité à longueur d'année à la télévision, on a le sentiment que la France entière s'adonne à l'échangisme. Or, les statistiques montrent qu'il n'en est rien. Une dernière enquête sur le désir féminin (*Le désir féminin*, enquête Ipsos/Mimoun 2008) indique que seul 1 % des femmes dit en avoir fait l'expérience et le succès d'un livre comme celui de Catherine Millet est un excellent miroir, non de ce qui se fait, mais de pratiques qui se donnent à voir comme légitimes. Le développement du cinéma porno impose lui aussi de nouvelles représentations de la sexualité. Dans ces films, ce qui est important, c'est la vue. Y est donc privilégié le plus spectaculaire, d'où la généralisation de l'éjaculation faciale, des gros plans, de la relation sous la contrainte (enchaînement de la partenaire, etc.) : les murmures amoureux, les pénétrations classiques n'ont guère d'intérêt visuel.

Dévalorisés, désorientés

Le problème est que cette mise en avant d'expériences somme toute assez marginales laisse à penser aux 99 % qui ne les pratiquent pas qu'ils doivent être coincés, ou en tout cas, pas assez libérés. Elle fausse la perception que chacun a de sa propre sexualité. De la même manière que la publicité nous dévalorise en permanence en nous montrant des personnes plus belles et plus riches que nous, la représentation surabondante du sexe dans les médias nous donne le sentiment de ne jamais être à la hauteur. Nos ébats sous la couette paraissent bien plan-plan au regard de toutes ces galipettes inventives, transgressives. Le culte de la performance sexuelle nous met, dans ce domaine aussi intime, en échec. Aux États-Unis, il existe une émission de coaching sexuel, une sorte de cours de rattrapage pour les nuls, où des couples viennent s'initier à la fellation et à la sodomie en direct. Gageons que ce genre d'émissions ne va tarder à arriver en France.

Une fois encore, il n'est pas question de s'offusquer des fantaisies sexuelles que chaque couple peut développer dans son intimité. Il s'agit plutôt de montrer que la sexualité exhibée aujourd'hui influence nos pratiques, et pas forcément dans le bon sens. Les sexologues dénoncent une dérive actuelle vers une sexualité perverse, au sens psychanalytique du terme, c'est-à-dire où le partenaire se sert de l'autre comme d'un objet pour son propre plaisir.

Comme un hamburger...

Ferons-nous l'amour de la même manière que l'on soit un habitant de Papouasie ou de Montélimar ? Les chercheurs constatent une standardisation croissante des postures et des codes amoureux : l'épilation, bien différente sous chaque latitude, devient un impératif pour les femmes, le baiser à la française se généralise. Comme à chaque fois qu'il y a marchandisation, il y a standardisation, et elle n'est guère plus réjouissante dans le domaine de l'amour que dans la généralisation des hamburgers dans notre assiette.

Les plus faibles sont les plus exposés

Même si ce qui est montré n'a pas grand-chose à voir avec la réalité, cela a pourtant un retentisse-

ment, surtout chez les êtres les plus faibles, les jeunes les plus fragiles, les plus déstructurés. La casse des identités collectives et individuelles – que l'on l'a déjà vue à l'œuvre dans l'hyper-consommation – se répercute à nouveau sur les comportements amoureux. La perte des repères conduit à chercher des modèles d'identification dans le modèle dominant, représenté par les médias. On sombre dans les manifestations les plus visibles, comme celles visionnées dans les films et les sites pornographiques qui se développent à la vitesse de l'éclair sur Internet.
Or, le désir se construit, et faute d'avoir les outils de cette construction, on se précipite sur les solutions prêtes à l'emploi, on utilise des ficelles, des astuces sexuelles sans affect ni véritable désir. Tout comme on achète un objet sans valeur qui ne nous fait plus envie une fois acquis, la sexualité sans désir laisse insatisfait. À l'inverse, quand on est sûr de soi, on a plus de chances d'être sujet de son désir, d'affirmer ses goûts en dehors de ce qui nous est imposé par le monde extérieur.

Les femmes, les autres grandes victimes

Les femmes ont mis deux mille ans à accéder à une reconnaissance de leur désir et de leur plaisir sexuel, mais en quelques années, cet acquis se trouve menacé par ces nouvelles représentations.

Cette « sursexualisation » se réalise sur la base de l'inégalité, la sexualité féminine n'ayant pas les mêmes codes de jouissance que la sexualité masculine. Les femmes se croient désormais obligées de crier leur plaisir comme dans les films pornographiques, au mépris de leur ressenti réel. Elles n'y ont pas d'ailleurs le beau rôle : dans ces productions, elles sont utilisées comme des objets, réduites souvent à leurs seuls orifices. La perversion ne consiste-t-elle pas justement à jouir d'un seul élément de la personne ? Sans parler de la violence dans les relations – coups, viols – qui augmente toujours d'un cran pour pouvoir obtenir un plaisir plus intense. Là encore, ce sont les femmes des milieux les plus défavorisés qui paient la note la plus lourde car elles n'ont souvent pas les moyens de résister aux pressions que leur partenaire leur impose, comme le montre la dernière enquête de Michel Bozon et Nathalie Bajos (*Enquête sur la sexualité en France*, La Découverte, 2008). Les femmes plus aisées, plus armées intellectuellement, sont plus à même de faire respecter leur propre désir.

La perte de soi

Des femmes interrogées sur leur pratique assidue de l'échangisme avouent y rechercher un état second, comme dans l'ivresse. Ce n'est plus la rencontre de l'autre qui est souhaitée, mais la fuite de soi : à quatre-vingt partenaires dans la soirée, on n'est plus là, on est comme absent de son corps. Cette jouissance sans désir préalable ravale ces hommes et ces femmes à un statut de machine jouissante. Autre symptôme de cette sexualité qui nie la rencontre : le développement du sexe anonyme. Il s'agit de faire l'amour les yeux bandés, ou dans une chambre noire ; on ignore donc tout de la personne avec qui on s'accouple. Sans pousser des cris d'orfraie moralisateurs vis-à-vis de ces pratiques, on peut néanmoins les questionner : que montrent-elles ? Qu'il ne s'agit en aucune manière d'une véritable jouissance, contrairement aux apparences. La vraie sexualité est une rencontre, la rencontre entre deux sujets qui se désirent. L'amour physique permet de dire ce qui ne peut s'exprimer avec les mots et rien n'est plus fort que la jouissance partagée dans le regard. Que partagent les partenaires dans cette relation à l'aveugle ?

La folie de la performance sexuelle

Le sexe n'est-il pas en train d'être soumis à la même loi que celle de l'entreprise ? Les sexologues constatent chaque jour dans le secret de leurs cabinets les ravages de cet impératif de performances chez les hommes qui doivent « assurer » face à des femmes qui exigent des orgasmes à répétition.

La dure loi du marché se glisse sous la couette : rendement, obligation de résultat. Mais si les hommes doivent bander, les femmes, elles, doivent jouir. Le titre d'un article dans un magazine pour adolescentes fait état de cette nouvelle anxiété chez les jeunes filles : « Suis-je un bon coup ? » Résultat de cette double pression : chacun s'enferme dans la solitude de sa jouissance attendue, alors qu'il serait si bon qu'elle soit partagée...

Le grand marché du sexe

Autrefois, les boutiques de gadgets érotiques faisaient profil bas et ouvraient des officines dans les quartiers chauds de la ville, vendant cassettes pornos, fouets et godemichés, presque sous le manteau, dans des arrière-boutiques sombres. Aujourd'hui les marchands de sexe se sont décomplexés. S'ouvrent un peu partout en France de grands supermarchés où l'on trouve *sex-toys* de toutes tailles, poupées gonflables et porte-jarretelles. Y déambulent Monsieur et Madame Toutlemonde, le samedi après-midi, poussant un caddie devant eux. Marque de libération sexuelle... ou preuve supplémentaire que le sexe est devenu une marchandise comme une autre ?

L'amour sans l'autre

Le *sex-toy* ne date pas d'hier puisqu'on en a retrouvé dans des caves préhistoriques. La nouveauté est la place grandissante qu'il occupe aujourd'hui : on l'a même vu en coffret cadeau pour la fête des Mères… Son meilleur atout ? Ne pas connaître de limite justement, ne jamais tomber en panne – pourvu qu'on ait des piles – et pouvoir satisfaire sa propriétaire, sans avoir à se soucier de l'autre. Les hommes ne sont pas en reste puisque se développe aussi le marché de la poupée gonflable, moins rapidement car elle est nettement plus chère, 8 000 euros en moyenne sur Internet. Sommes-nous devenus adeptes d'une sexualité réduite au gadget mécanique sans odeur, sans émotion, sans désir ? Craignons-nous tellement de ne pas être à la hauteur que nous préférons nous en remettre à du plastique ou aux rencontres virtuelles qui nous épargnent la confrontation avec un vrai partenaire en chair et en os ?

CHAPITRE 6

TRAVAILLER PLUS POUR CONSOMMER PLUS !

Le travail n'est ni une évidence ni une fatalité, comme on voudrait nous le faire croire. C'est une construction, sous-tendue par des intérêts économiques : nous faire consommer toujours plus. Là encore, un rappel historique nous semble nécessaire pour bien comprendre comment le travail a peu à peu rempli nos vies, pour devenir la valeur dominante qu'on connaît tous aujourd'hui.

L'oisiveté, mère de tous les vices

Cette contrainte au travail sous laquelle nous vivons désormais est une exception dans l'histoire de l'humanité. Elle est née avec le développement de l'économie. Au début de l'ère chrétienne, on préfère de loin les activités intellectuelles, la contemplation, les discussions politiques et philosophiques, au travail ! Ainsi, les communautés religieuses choisissent de vivre de la charité pour avoir tout le loisir de se consacrer à la prière. Mais au IVe siècle, saint Augustin vient introduire une première grande rupture : ce philosophe et homme d'église donne une nouvelle interprétation des textes de la Bible, d'où il ressort que l'oisiveté serait la mère de tous les vices… Jusqu'alors, le labeur était opposé à la création divine : l'œuvre réalisée par Dieu n'était pas un travail, mais une création. Saint Augustin va vouloir allier les deux. Selon lui, le travail est le signe de la pénitence, une façon pour l'homme d'accepter la sanction divine qui l'a chassé du paradis, et une occasion de se rapprocher de Dieu en créant lui aussi quelque chose par son labeur. Cette valorisation du travail va être poursuivie et amplifiée bien plus tard par la religion protestante, considérée comme la religion du capitalisme. Avec elle, le travail devient une fin en soi. Ainsi, le protestant refuse toute notion de plaisir, que ce soit dans les jeux, la sexualité, ou encore la bonne chère. Par son ascétisme et son travail, il montre qu'il appartient à la petite minorité d'élus choisis par Dieu, selon la thèse de la prédestination.

L'homme occidental contre le « bon sauvage »

En se développant, le capitalisme va associer société occidentale et travail. Sa théorie – qui court encore parfois aujourd'hui – soutient que si l'homme occidental est privilégié, c'est qu'il est besogneux, industrieux, contrairement au « sauvage » fainéant, qui ne travaille pas. D'ailleurs, il faudrait bien qu'il s'y mette, pensent les acharnés au travail, s'il veut rattraper ce que l'on considère un peu abusivement comme son « retard » ! On assiste à une rupture totale vis-à-vis de l'image du « bon sauvage » développée par le philosophe Jean-Jacques Rousseau qui avait, selon lui, la chance de vivre de la cueillette, dans une sorte de paradis...

De l'esclave politique à l'esclave économique...

Jusqu'à la découverte du Nouveau Monde, l'esclavage est d'abord un signe de domination politique : ce sont les vaincus à la guerre qui deviennent des esclaves, sans pour autant être contraints à trimer et à suer. C'est avec la colonisation des Amériques qu'une nouvelle forme d'esclavage émerge : désormais, il ne s'agit plus d'une exploitation d'ordre politique, mais économique. Cet esclave moderne – africain de préférence – représente d'abord et avant tout une force de travail. Il va perdre son nom, sera obligé de prendre comme pseudonyme le nom de son maître, n'aura plus le droit de transmettre, ni de se marier et d'avoir des enfants...

Le travail, source de richesse et de liberté ?

L'idéologie du travail se confirme tant sur le plan religieux que sur le plan politique. C'est dans ce contexte favorable que va surgir Adam Smith. Que dit ce philosophe et économiste du XVIIIe siècle ? Que le travail est la source de la richesse, alors qu'auparavant, on considérait que c'était la terre : c'est une première révolution extraordinaire ! Une seconde suivra un peu plus tard, qui consiste à penser que le travail n'est plus seulement une valeur économique, mais aussi une valeur sociale : par le biais de son travail, l'homme s'émancipe et devient libre. Cette idéologie sera bientôt relayée par la gauche, qui défend elle aussi haut et fort les vertus du travail. Ce n'est donc pas une surprise si dans le camp socialiste et ouvrier, on survalorise le labeur. Pour Marx, le prolétariat rassemble ceux qui n'ont comme seule richesse que leur force de travail. Bref, à la fin du XIXe siècle, tout le monde est d'accord sur ce point : il faut TRAVAILLER !

La chasse au vagabond

Aux XVIIe et XVIIIe siècles, ce ne sont pas les étrangers dont on se méfie – ils sont toujours bien accueillis, sans contrôle d'identité – mais du vagabond, ce paysan qui quitte sa campagne natale, cet ouvrier qui passe d'une ville à l'autre… Comment limiter leurs déplacements ? En instaurant le livret ouvrier. Après la Révolution française et jusqu'à la fin du XIXe siècle, tous les ouvriers devaient posséder un livret qui ressemblait en fait au livret scolaire et sur lequel était indiqué le nom de l'entreprise dans laquelle ils travaillaient. Ils n'avaient pas le droit de se déplacer au-delà du périmètre de celle-ci. Ce rattachement n'était pas seulement conçu pour assurer aux entreprises un personnel stable, mais aussi pour tuer cette vieille pratique du vagabondage. Il n'y aura bien que les poètes au XIXe siècle pour valoriser l'image du vagabond…

Les terres communales privatisées

Autre grande rupture historique – et à grande échelle puisqu'elle concerne presque tous les pays européens – le renforcement de la propriété privée et la limitation des biens villageois. Ce qu'on a appelé le mouvement des enclosures provoqua un déplacement de la ligne de partage entre le droit coutumier des pauvres (glanage ou ramassage des bois morts) et le droit des propriétaires. Tous ces biens qui jusque-là appartenaient aux communes ont été privatisés. Les paysans n'ont plus le droit de ramasser le bois mort pour se chauffer, ni le droit de chasser, de pêcher, de faire de la cueillette, puisque toutes ces richesses appartiennent désormais exclusivement aux seigneurs qui possèdent les terres. Les voilà donc obligés de travailler pour pouvoir se payer tout ce qu'ils se procuraient gratuitement jusque-là. Cette rupture a constitué un tournant décisif et plutôt sombre dans l'histoire de l'humanité.

Travailler sans consommer

En fait, c'est le XIXe siècle qui a réellement mis toute la population au travail. Mais à cette époque, la société de consommation n'a pas encore vu le jour... Jusque dans les années 20 – on l'a vu dans le premier chapitre – les ouvriers ont conservé leur savoir-faire et une façon de vivre traditionnelle. Nous sommes déjà dans l'ère du travail, pas encore dans celle de la consommation. Or, que va-t-il se passer ? Les marchandises produites ne s'écoulent pas assez rapidement, entraînant une surproduction qui sera – entre autres facteurs – à l'origine de la grande crise de 1929. Que faire de ce surplus, notamment depuis qu'il n'est plus épongé par l'industrie militaire ? Le capitalisme se trouve contraint d'organiser une nouvelle société et c'est l'industriel Henry Ford qui, dans les années 30, va tenter d'y apporter une réponse...

« Travaille et tais-toi »

Jusque-là, l'industrie s'est développée grâce (ou plutôt à cause...) au taylorisme, dont la théorie peut se résumer à la formule « Travaille et tais-toi ! ». Qui était Frederick Winslow Taylor ? L'inventeur de l'organisation scientifique du travail ? Le pilleur des savoir-faire des ouvriers pour les formaliser et les optimiser dans des bureaux de méthodes, en utilisant notamment le chronométrage, comme le caricature si bien le film *Les Temps modernes* de Charlie Chaplin ? Contrairement à une idée largement répandue, Taylor n'est pas l'inventeur du travail à la chaîne, qui existait bien avant lui. En revanche, on lui doit le principe du salaire aux pièces, qui va permettre d'individualiser le rendement, de casser l'esprit collectif en développant le chacun pour soi.

L'« homme-bœuf »

Le taylorisme va d'ailleurs être condamné par une commission d'enquête parlementaire américaine en 1911-1912 qui lui reprochera justement de détruire les identités collectives, la solidarité, de promouvoir un système dans lequel le bon ouvrier n'a plus sa place. Taylor se défend, soutient que les gens de qualité pourront toujours aller voir ailleurs, dans des métiers non encore taylorisés. Il inaugure une volonté de dépouillement systématique du savoir-faire de l'individu, utilisant l'image de l'« homme-bœuf » pour qualifier ce qu'il entend comme un bon ouvrier. Sa première aptitude requise ? « Être si bête et si flegmatique que sa tournure d'esprit se rapproche davantage de celle d'un bœuf que de tout autre chose ». La consigne donnée aux personnes chargées du recrutement était de privilégier les gros « chevaux » balourds et très obéissants...

Le harnais anti-rêve de Taylor

On ne peut comprendre le taylorisme sans se pencher sur la biographie de son inventeur, tant il existe un lien étroit entre sa vie et sa théorie. Taylor appartenait aux quakers, un groupe de religieux excessivement puritains, ne supportant aucun gaspillage de matière, d'énergie, de travail.

Il raconte qu'adolescent, il faisait des cauchemars lorsqu'il dormait sur le dos. Aussitôt, il s'est inventé un harnais fait de sangles et de coins en bois qui le réveillait quand il se retournait dans son sommeil. Toute sa vie, il a dormi avec son harnais ! Même dans son sommeil, il a voulu contrôler cette part d'humain et d'imaginaire échappant au rationnel. Comment a-t-on pu faire d'un personnage marqué par un puritanisme aussi excessif l'un des rois du capitalisme triomphant ? On comprend mieux que l'inventeur d'un tel instrument de torture ne puisse tolérer que les ouvriers rêvassent sur le lieu de travail...

« Travaille et consomme ! »

Mais revenons au fordisme et à la nécessité de la société de consommation d'écouler son trop-plein de biens. Si le slogan de Taylor est « Tais-toi et travaille », celui de Ford serait plutôt : « Travaille, tais-toi et consomme ». C'est lui qui va s'employer à généraliser la société de consommation. On oppose souvent le méchant Taylor au gentil Ford, une vision particulièrement dangereuse et fausse. D'abord, Ford n'était pas si « gentil » : il avait une réelle sympathie pour le nazisme et a écrit *Le Juif clandestin*, ouvrage incroyablement antisémite, aujourd'hui interdit ! Ensuite, c'est quand même le fordisme des Trente glorieuses qui est aujourd'hui responsable de la destruction de la biosphère, de l'épuisement des ressources, de l'explosion des inégalité sociales ...

L'entreprise paternaliste : sévère, mais juste !

Le XIXe siècle avait été l'âge d'or de l'entreprise paternaliste. Certes, ce type d'entreprise entretenait une confusion entre vie privée et vie professionnelle, mais elle reposait sur un lien social réel. Vous étiez ouvrier, vous aviez un jardin ouvrier, une maison ouvrière. Ce paternalisme plongeait ses racines dans l'Ancien Régime, dans le lien qui liait le seigneur à « ses » paysans. D'ailleurs, l'ouvrier ne quittait pas le patron, de la naissance à la tombe. La famille ouvrière méritante était respectueuse d'une inégalité soi-disant naturelle. Le chef d'entreprise, lui, se considérait comme le père de ses enfants prolétaires. Dans ses mémoires, Marcel Dassault explique que sa plus grande fierté est de n'avoir jamais licencié un de ses salariés pour raisons économiques ou pour maladie : on trouvait toujours un petit travail à celui qui n'était plus capable d'assumer sa fonction. En contrepartie, le prix à payer était de se soumettre à ce père exigeant physiquement, moralement, mais qui se voulait juste. Toutefois, le paternalisme nécessite que le lien à l'entreprise soit presque éternel ; il correspond à un premier âge du capitalisme et est tout à fait en phase avec la figure du bourgeois bon père de famille. On y récompensait les vertus domestiques et familiales, comme la fidélité à l'entreprise, mais aussi entre collègues. En cas de problème, il n'y avait pas de syndicats, on réglait le litige en famille. La relation personnelle était démultipliée : celle du patron à son personnel, du contremaître à l'apprenti...

Le déclin du paternalisme

Lorsque les nouveaux modes d'organisation du travail (automatisation, standardisation) vont permettre de se passer des meilleurs ouvriers – les machines garantissant une qualité jusque-là assurée par les hommes –, ce modèle va tendre à disparaître. Durant tout le XXe siècle, les luttes syndicales et ouvrières vont s'en prendre à ces entreprises paternalistes, incarnées par Michelin, qui régissaient la vie des salariés au travail, mais aussi hors travail (avec les logements, les écoles, les magasins, les cliniques, qui appartenaient à l'entreprise). Désormais, depuis la fin du XIXe siècle, ce n'est plus seulement le patron qui dicte sa loi, mais le salarié qui a aussi des droits et qui les défend.

On s'occupe de toi !

Dans les années 50, une troisième idole du capitalisme émerge avec la figure d'Elton Mayo, père du management affectif, à l'origine de l'école des relations humaines. Humaines, vraiment ? Pour Mayo, si on veut augmenter la productivité, peu importe les conditions de travail ou le salaire, l'important est de donner au personnel le sentiment qu'on s'occupe de lui. Ce courant a donné naissance à ce qu'on appelle aujourd'hui le néo-management. L'entreprise devient un lieu où le personnel est infantilisé, par un certain nombre de codes, comme l'utilisation du prénom, la généralisation du tutoiement, « l'obligation » de se faire la bise... Il ne s'agit pas d'habitudes qui viendraient naturellement, mais de nouveaux rituels à instaurer au niveau du management lui-même. Le problème de cette tendance ? Elle ébranle la frontière entre sphère privée et sphère publique : l'entreprise se donne le droit de voir au-delà de ce qui est strictement nécessaire pour effectuer convenablement ses tâches. (*voir* chapitre 3 « Souriez, vous êtes surveillés »)

Le travail en CDD

Le modèle de l'entreprise paternaliste est définitivement enterré dès lors que la flexibilité devient le maître-mot. Dans une interview, Laurence Parisot, patronne du MEDEF, soutenait que la vie, la santé, l'amour étant devenus précaires, pourquoi le travail échapperait-il à cette loi ? Plus question de passer sa vie dans une même boîte. Non seulement, il faudra en changer, mais il faudra aussi changer de métier plusieurs fois au cours de sa vie professionnelle. Nous voilà passés d'une stabilité à une flexibilité devenue une valeur en soi. Juridiquement parlant, nous sommes désormais dans la logique du contrat à durée déterminée. Mais cette souplesse ne va pas sans poser de problème, car comment être fidèle dans une société précaire ? Comment s'attacher lorsqu'on sait que l'on ne va pas rester longtemps ensemble ? La réponse : tenter de créer un lien affectif à l'entreprise.

L'entreprise maternante

Les nouveaux modes de management doivent produire artificiellement ce qui auparavant se faisait à la longue, comme l'acquisition de la culture d'entreprise, la fidélité. Il y a aujourd'hui nécessité de mettre en avant le besoin d'appartenance, de reconnaissance, dans ces entreprises où l'on ne fait que passer... Le lien autrefois social tend à devenir un lien psychologique. Désormais, on pense que ce sentiment d'appartenance à l'entreprise et la motivation au travail pourraient être produits en dehors de tout attrait pour son poste, qu'ils seraient comme des muscles à faire travailler ! C'est ce qui fait le succès des actuels stages de motivation et explique en partie la possibilité du harcèlement moral, puisqu'on est principalement dans le registre de l'affectif. Avec à la clé une nouvelle violence, incarnée par un autre type de harcèlement, beaucoup plus pernicieux : l'obligation de s'intégrer, d'avoir l'air heureux d'être là. La limite entre le chez-soi et le bureau s'estompe, surtout chez les cadres qui doivent rester joignables le soir et le week-end. Le comble ? Ce *trader* qui laisse son ordinateur portable près de son oreiller et qui est réveillé par un signal sonore dès que le cours de la bourse chute... A-t-il quelque chose à envier au harnais de Taylor ?

L'entreprise, comme une famille toxique...

L'entreprise s'est toujours vue comme une grande famille, mais il y a une bonne et une mauvaise famille. La bonne, c'est celle qui permet à l'enfant de grandir et de devenir autonome ; la mauvaise, c'est celle qui aime tellement ses enfants qu'elle fait tout pour qu'ils restent d'éternels enfants. Le mode de management dans la restauration rapide est la caricature de cette famille toxique. Ici, le manager est pensé comme étant tout-puissant, l'équipier sous ses ordres, forcément impuissant. D'ailleurs, le mot « équipier » en dit long… Auparavant, vous étiez restaurateur, cuistot, plongeur, serveur. Même le poste le plus bas avait une qualification propre. Aujourd'hui, vous êtes « équipier », ce qui signifie que si vous perdez votre équipe, vous n'êtes plus rien. Un salarié défini uniquement dans son rapport au collectif, tel est le summum du dépouillement de toute identité !

Travailler plus pour gagner plus

Ces dernières années, nous n'avons pas gagné grand-chose au regard de l'Histoire. Les nouveaux managements nous réduisent au principe de Taylor « Travaille et tais-toi ». Qui ose dire qu'il est malmené au bureau ? Où sont les luttes solidaires qui permettaient de faire face à la violence du monde du travail ? Désormais, c'est la solitude qui prime dans la plupart des entreprises, avec une fois de plus la consommation comme lot de consolation. « Travaille, tais-toi et consomme » : c'est Ford qui doit être content ! Car pourquoi gagner plus, si ce n'est pour consommer toujours plus ? Peut-être serions-nous bien avisés de nous inspirer de ces ouvriers qualifiés du XIXe siècle qui refusaient de travailler plus qu'il n'était nécessaire pour couvrir leurs besoins. Ils s'appelaient entre eux d'un bien joli nom : les Sublimes...

CHAPITRE 7
UNE SOCIÉTÉ CONTRE NATURE

Les conséquences de notre boulimie consommatrice ont des effets dévastateurs sur la planète. Nous ne pourrons pas continuer à produire toujours plus, le nez sur le guidon, en épuisant les richesses de la nature.

Dominer la nature, une émancipation humaniste

On doit au courant humaniste les premières théories d'une nécessité d'un arrachement à la nature par la domination de l'homme. Descartes est aujourd'hui dans le collimateur des écologistes, lesquels estiment que sa réflexion serait responsable de la situation environnementale actuelle. C'est aller un peu vite dans le procès et surtout, ne pas replacer les positions du philosophe dans le contexte du XVIIe siècle. Lorsque Descartes soutient qu'il faut apprendre à maîtriser la nature, il a raison. À l'époque, c'était même une thèse émancipatrice puisqu'il s'agissait d'assurer la supériorité des lois humaines, celles que l'on se donne, contre les lois de la nature, divines et cosmiques. En son temps, on avait l'image d'une triple nature : la première, immédiate, que l'on transformait à volonté (champs à labourer, bois à couper, etc.), une deuxième, qui subissait les conséquences de ces actes (assèchement des marais, déboisement), et enfin la troisième, une Dame Nature, échappant totalement à nos interventions : c'est « la nature qui se venge », « le ciel qui nous tombe sur la tête ». Aujourd'hui, nous savons que nous avons la capacité de détruire la planète.

Au mépris des ressources naturelles

La réalité écologique est alarmante mais les pays industrialisés ne prennent que mollement des dispositions devant le caractère pourtant urgent de la situation... Des chiffres ? 20 % des hommes sur la planète s'approprient injustement 80 % des richesses naturelles. Et si les sept milliards d'individus voulaient avoir le même mode de vie, il faudrait l'équivalent de trois ou quatre planètes comme la nôtre ; six, si nous vivions tous comme des Américains ! En deux siècles et demi, l'Occident a fragilisé 65 % de nos écosystèmes, ce qui signifie en clair que si nous consommons toujours autant, nous épuiserons les réserves fossiles qui ont mis cinq cents millions d'années à se former... C'est donc notre survie qui est en jeu, pas seulement notre confort. Une fois de plus, ce trop-plein s'installe sur la base d'une grande injustice et d'une insupportable inégalité : notre boulimie n'est possible que grâce au pillage des ressources des autres peuples, qui ne peuvent eux-mêmes utiliser leurs propres richesses et s'appauvrissent. Pourrons-nous vivre longtemps sur un îlot de prospérité dans un océan de détresse ?

L'agriculture intensive, une agriculture « pourrie »

Érosion des sols qu'on ne laisse plus se renouveler par le système des jachères, emploi massif de pesticides, appauvrissement de la biodiversité, gaspillage considérable de l'eau... La liste des maux engendrés par une logique marchande et exponentielle de l'agriculture s'allonge d'année en année. L'agriculture hyper-moderne, en faisant le choix d'une hyper-rationalité, est responsable d'une grande partie de la dégradation de la terre et des paysages. En basculant dans la production industrielle, la qualité des biens alimentaires, tout comme celle des objets manufacturés, s'est considérablement abaissée. On constate tous qu'on ne peut plus garder des fruits et légumes plus de deux jours, que les tomates sont devenues insipides, tout comme les fraises sont gorgées d'eau. La révolution agricole montre ses limites : non seulement ces produits sont sans goût mais ils sont toujours plus chers. Que dire encore des conditions faites aux animaux d'élevage pour démultiplier les rendements et qui constituent un des plus gros scandales de notre époque ? Sans faire partie de la SPA, on ne peut que s'en indigner : on élève des poulets en quarante jours, gavés de farines animales, dans des cages si étroites qu'il faut leur couper les ailes pour gagner de l'espace, leur limer le bec pour qu'ils ne s'automutilent pas dans de telles conditions de stress. Les poules, elles, vivent dans une lumière permanente qui les contraint à pondre toute l'année. Des études sont également en cours pour rendre aveugles des porcs afin d'améliorer leur rendement (ils ne seraient plus distraits et concentreraient leur temps à se nourrir). On envisage même de supprimer la rumination des vaches, histoire de limiter les gaz à effet de serre...

Des conséquences dramatiques sur l'homme

Mais il n'y a pas que les animaux qui souffrent de cette production « pourrie ». Ce type d'exploitation a fait la triste preuve aujourd'hui des conséquences sanitaires dramatiques qu'il entraîne, avec notamment l'utilisation de farines issues de carcasses d'animaux malades. Les récentes épidémies de la « maladie de la vache folle », de grippe aviaire, de peste porcine, vont-elles enfin déclencher une prise de conscience et mettre un frein à ces dérives ? Faut-il attendre qu'il y ait des milliers de morts pour espérer une réaction ? Nous sommes ici devant un vrai choix de société : soit développer une multitude de petites entreprises agricoles de proximité, ou laisser prospérer une concentration de mégafermes fabriquant toujours plus de mauvais produits. Bref, nourrira-t-on la planète avec un milliard et demi de petits paysans ou avec quelques centaines de milliers d'agro-managers ?

Des peurs raisonnables et irraisonnées

Autrefois, les hommes avaient peur que le ciel leur tombe sur la tête. Aujourd'hui, les bouleversements du climat entraînent des peurs identiques. Attention, restons prudents, il faut se garder des dérives, comme celle à laquelle on assiste avec le retour aux religions primitives. Nous ne prônons ni le retour à la terre, ni un amour sacré de la nature. Son idéalisation peut conduire à un redoutable obscurantisme, en remettant en cause les acquis de la modernité, comme les idées de liberté et d'égalité, qui n'ont rien de naturel. Si l'on considère qu'il faut rester exclusivement à l'écoute de la nature, que les lois humaines doivent s'y soumettre, ce serait alors le retour de la loi de la jungle, de l'inégalité. Cette mise en accusation de l'exploitation de la nature peut donc amener le pire comme le meilleur...

Trouver la juste mesure

Il va donc nous falloir trouver une juste mesure : l'arrachement à la nature a apporté des progrès auxquels il n'est pas question de renoncer en faisant l'apologie du « tout naturel » ! Pas question de rallier ceux qui refusent les médicaments, ou ont oublié un peu vite les ravages de la mortalité en couche. Une fois encore, le drame, c'est le « toujours plus », dans un sens comme dans l'autre : c'est un excès quand on oublie la nature, c'est aussi un excès quand on s'y soumet totalement. Malheureusement, l'esprit humain a du mal à penser en terme d'équilibre, il aime les positions tranchées, le noir et le blanc, le gentil et le méchant. Peut-être est-ce nécessaire, dans un premier temps, de mettre la barre d'un côté, puis de l'autre pour inventer une alternative ? Peut-être l'humanité avance-t-elle toujours ainsi ? Force est de constater en tout cas que la sagesse n'est pas toujours la qualité la mieux partagée.

L'accompagner, sans la dominer…

Avec le progrès technique et l'exploitation intensive des richesses, on sait désormais que l'humanité a la possibilité de casser totalement la nature. Aussi, nous voilà contraints de changer notre relation. Il nous faut la considérer ni comme un objet à dompter à tout prix ni comme une déesse qui imposerait sa loi, mais comme une enveloppe extérieure dont nous aurions à prendre soin. Une nature qu'il faudrait tout simplement accompagner, comme l'expérimente le paysagiste Gilles Clément (*voir* encadré ci-dessous).

Nous n'en serions plus les souverains, mais les jardiniers responsables, pour le bonheur – et la survie ! – des générations futures. Bref, notre objectif est de la conserver, d'aider à sa reproduction, et non de l'épuiser par un trop-plein de consommation. Le meilleur des mondes restera toujours à inventer…

Gilles Clément, le poète des jardins

Le paysagiste Gilles Clément incarne une nouvelle tendance qui défend le développement du jardin sauvage, un jardin en mouvement, inspiré de la friche : les graines s'y déplacent, transforment les lieux où elles s'implantent. La mission de ce nouveau jardinier ? Observer plus, jardiner moins… Une vision radicalement différente de celle du jardin à la française, qui était surtout une façon de montrer la suprématie de l'esprit humain sur la végétation. De nombreuses villes lui emboîtent désormais le pas et les jardins publics deviennent des espaces pédagogiques. Et si c'était pour notre époque une façon de retrouver un ensauvagement nécessaire ? Quand on pense que les adolescents d'aujourd'hui sont totalement incapables de se débrouiller dans une forêt, qu'ils peuvent citer une centaine de marques commerciales mais pas un seul nom d'arbres, n'y aurait-il pas une éducation à la nature à mettre en place de façon urgente ?

CHAPITRE 8
CHACUN CHERCHE SON VIDE…

Devant ce tableau noir d'un monde saturé de biens, de bruits, d'excès, faut-il baisser les bras ? Non, bien sûr. De plus en plus de voix s'élèvent aujourd'hui pour faire entendre une autre musique que celle de notre société d'hyper-consommation. De multiples tentatives de résistance voient le jour, qu'elles soient individuelles ou collectives.

Le vide est à créer

Le vide n'existe pas, il est à créer, aujourd'hui comme hier, que ce soit en science, dans l'art, dans la religion. Les grands inventeurs ont tourné autour de cette notion de vide, comme Denis Papin et son invention de la machine à faire le vide, ancêtre de notre cocotte-minute. Ou encore Nicolas Appert, le concepteur de la première boîte de conserve. L'invention du zéro n'a-t-elle pas permis de penser le vide et de multiplier les constructions ? Le silence n'est-il pas la mesure incontournable en musique ? Toute croyance religieuse se bâtit également sur une relation à l'absence : dans le christianisme, c'est le tombeau du Christ qui est vide ; dans l'islam, c'est la chaise vide qui rappelle que l'on attend le retour du douzième imam. Dans le domaine de l'art encore, la peinture chinoise réfléchit constamment sur le rapport entre le plein et le vide, ce dernier permettant de mettre en valeur les rares traits de pinceau. Plus quotidiennement, le vide s'impose à nous comme une nécessité : on ne peut pas tomber amoureux si on l'est déjà, on ne peut écouter un ami qu'en faisant le vide de nos préoccupations, on ne peut apprendre en classe que si l'on fait silence…

Ce néant qui rend fou

À l'inverse du vide, nécessaire et fécond, le néant est stérile et rend fou. Ainsi, les techniques utilisées en prison contre les membres de la bande à Baader visaient clairement à les anéantir : les parois de leurs cellules absorbaient tous les bruits, y compris leurs hurlements. Ils n'entendaient que leur sang circuler. Dans la même logique, l'armée américaine tente de faire perdre tous leurs repères aux hommes soupçonnés de terrorisme en leur mettant un sac sur la tête et des bouchons dans les oreilles.

Le « Potlatch » ou l'art du vide

Les sociétés ont de tout temps inventé une multitude de rituels pour faire le vide, preuve qu'il est bien à créer. La tradition du « Potlatch », ces grandes fêtes organisées par certaines sociétés primitives, en est une belle illustration. Lors de ces cérémonies, les stocks excédentaires étaient systématiquement détruits. Quelle est la raison de ce qui peut apparaître à nos yeux comme un grand gaspillage ? La volonté d'empêcher tout germe de division dans la communauté, d'éviter les convoitises. Contrairement aux nôtres, ces sociétés acceptaient le vide avec sérénité, privilégiant la cohésion sociale sur la compétition et la concurrence. Peut-être encore ne craignaient-elles pas le vide car chacun de ses membres avait la certitude d'occuper une place dans la communauté, personne n'était exclu... En revanche, si notre société en a une peur panique, c'est que le vide renvoie à l'image du « sans-emploi », du « sans domicile fixe », du « sans-papiers ». Or, la plupart des maux de notre société viennent justement d'un sentiment d'insécurité galopante, comme nous allons le voir dans le chapitre suivant.

Ramadan, retraite et méditation

Nous sommes de plus en plus démunis, dans un monde de moins en moins ritualisé. Or, l'intérêt du rituel tient à sa force symbolique, qui s'impose sans qu'on ait vraiment besoin d'y croire, tant il est inclus dans la vie collective. Le grand avantage des religions est de proposer des rituels prêts à l'emploi, autour des grands moments de la vie comme la naissance, le mariage, la mort. Il n'est donc pas étonnant que ce soit dans le domaine spirituel où l'on assiste à un retour de rites consistant à faire le vide. Depuis quelques années, l'engouement pour le ramadan n'est-il pas une belle incarnation de ce refus du trop-plein ? Sa pratique est devenue non seulement le signe d'un retour du religieux, mais aussi une marque d'appartenance sociale puisque même des non-musulmans se mettent au jeûne par solidarité avec leur quartier.

De même, le carême chez les catholiques, sorte de contrecoup au retour du ramadan, fait à nouveau des adeptes. Faire une retraite a également de plus en plus de succès et les monastères accueillent chaque année des milliers de personnes qui souhaitent se ressourcer, loin du tumulte du monde. Que viennent dire toutes ces tentatives ? Que l'on prend conscience qu'on ne peut vivre dans ce flux constant auquel nous soumettent nos vies actuelles. Le besoin de créer des pauses se généralise. Sans aller chercher du côté du religieux, on trouve de plus en plus d'adeptes de la méditation, du yoga, de la sophrologie, de la randonnée en montagne ou encore de la traversée du désert ; tous sont à la recherche du silence, dans une quête de sens et d'un « vide vivant ».

Consommer moins, vivre mieux

D'autres encore décident de réduire leur consommation, d'adopter un style de vie plus minimaliste. Et pas uniquement pour des raisons écologiques, mais aussi parce qu'ils estiment que les objets nous posséderaient plus qu'on ne les possède... Chacun de nous ressent bien, de façon instinctive, que le bonheur n'est pas dans l'accumulation, qu'elle génère même de la frustration, comme on l'a vu tout au long de ce livre. Choisir de vivre avec moins de choses, refuser de devenir un forçat du travail et de la consommation, permet de retrouver du temps pour les siens, du temps pour soi, un espace de liberté plus constructif. Sans être généralisée, cette aspiration à plus de simplicité séduit de plus en plus de monde. Même les magazines féminins – n'ayant pas peur de la contradiction ! – emboîtent le pas de cette tendance en multipliant les articles sur la nécessité de réduire sa consommation entre deux pages de publicité pour des chaussures et des crèmes antirides à plusieurs centaines d'euros...

Un autre Noël ?

Les fêtes de Noël sont un bon exemple de ce ras-le-bol qui se dessine. Chacun de nous se demande en sourdine : a-t-on vraiment besoin de cette avalanche de cadeaux pour dire à nos proches qu'on les aime ? Besoin de se gaver sans faim et être obligé le lendemain de soigner son foie ? On sait qu'on succombe à tous ces excès faute de mieux, sans y trouver un réel plaisir. Il existe même une certaine répulsion face à ce gâchis, une tristesse à voir nos enfants préférer jouer avec les emballages qu'avec leurs cadeaux, achetés le plus souvent à crédit. De-ci, de-là, naissent des initiatives : dans une famille on fabrique les cadeaux, dans une autre on fixe un budget maximal, ou encore, par tirage au sort chaque membre s'occupe d'un autre et l'on s'en tient à un seul et beau présent. Bref, de mille et une façons, on tente de limiter les débordements.

Comment lui dire adieu...

S'il est une expérience où il est capital de renouer avec le vide, le rituel, le symbolique, c'est le deuil... Tant que nous n'aurons pas rendu sa place centrale à la question de la mort, nous ne pourrons retrouver le goût de vivre, tant l'excès est une fuite devant notre fin irréfutable, notre limite ultime. Autrefois, on la conjurait par une présence excessive – exposition du mort, veillée de plusieurs jours – accompagnée de rituels religieux qui soutenaient le deuil. Désormais, la mort est évacuée. Le développement de la crémation, sans histoire dans notre culture, laisse les familles démunies : quinze minutes de cérémonie en tout et pour tout, pour se retrouver sur un parking, une urne à la main ! Pour résister à cette déshumanisation, l'imagination a pris le pouvoir : lâcher de ballons, fanfare, dispersion des cendres dans des lieux aimés par le défunt, textes lus, chansons... Le recul de la religion oblige chacun à chercher une façon de dire adieu à ses morts, indispensable pour éprouver leur l'absence, indispensable pour en faire le deuil.

À chacun sa recherche

Contrairement aux apparences, les adeptes de la semaine sans télé et les fanatiques de la méditation sont dans la même recherche, malgré le mépris mutuel qu'ils se vouent parfois. L'échange de vêtements entre ami(e)s (en remplacement du traditionnel shopping) et la pratique du ramadan relèvent de la même logique ! Rapprochement osé ? Non, car si nous prônons telle pratique plutôt qu'une autre, le risque de tomber dans le sectarisme n'est pas loin... sans parler de la surenchère ! « Moi, je n'ai pas la télé », dit le premier ; « Moi, j'ai vendu mon frigo », se flatte le deuxième ; « Et moi, je me suis débarrassé des deux », renchérit le troisième ! Il ne s'agit pourtant pas de jouer au « plus sobre que moi, tu meurs », mais de reconnaître que chacun cherche, tâtonne, bricole, en fonction de son histoire, de sa culture, de sa sensibilité. Il n'y a pas une tentative plus intéressante qu'une autre : c'est la multitude de ces ballons d'essais autour du vide en soi, l'expérimentation de la richesse de son ressenti, qui sont passionnantes. Tout ce qui nous permet de vivre au plus près de nos valeurs, d'être économe vis-à-vis de la nature, tout ce qui redonne du sens à nos vies mérite attention et considération. Sans exception, sans hiérarchie.

Ensemble...

Parallèlement à ces tentatives de faire le vide au niveau individuel, se multiplient des expériences au niveau collectif, car l'homme est un être social, qui a besoin des autres. L'avantage du collectif ? Il évite le découragement, le risque de se sentir impuissant à inverser le cours des choses. Il évite aussi de tomber dans un discours moralisateur, de se présenter comme le nouvel apôtre de la « nonconso ». Dans cette posture du parfait, la dimension collective est toujours oubliée au profit de la comparaison, de la traque de la petite différence. Ensemble à l'inverse, on reprend confiance, on s'aperçoit qu'il est possible de vivre autrement, face au discours dominant qui veut nous faire croire qu'il n'y a pas d'autre monde possible.

Vive l'échange !

La liste des initiatives communes est infinie. Ce sont les potagers collectifs où les familles se retrouvent pour pique-niquer, la consommation alternative, les bourses d'échange... Pourquoi ne pas mutualiser ses achats, quand on sait qu'on ne tond pas la pelouse tous les matins ? Qu'on peut partager livres, disques et DVD, ce qui permet non seulement de faire des économies, mais aussi de discuter par la suite de leur intérêt et du plaisir qu'on y a pris ? Car consommer moins, c'est aussi s'ouvrir à un autre type de relation avec les autres. On le voit avec les associations et le bénévolat : loin de toute logique marchande, on se retrouve dans le plaisir de faire une activité ensemble, avec des personnes d'âge et de niveau social différents. On y rencontre des gens avec lesquels, dans un autre contexte, nous n'aurions jamais discuté, que ce soit dans une chorale ou un club de pétanque !

Ce sont des lieux de joie, de convivialité, qui aident à résister face à la grisaille et à l'individualisme engendrés par la société de consommation. Pour s'engager dans ces actions, pas besoin d'avoir de grandes idées : l'envie de vivre mieux domine ... sans attendre des lendemains qui déchantent !

La consommation comme arme

L'alter-consommation plonge ses racines dans la culture américaine, qui prône depuis longtemps l'arme du boycott. Tout commence au XIXe siècle, quand l'Angleterre multiplie les taxes sur les produits exportés. Les colons se révoltent et enchaînent une série de boycotts qui conduiront à l'annulation de ces taxes, notamment sur le thé. Au XIXe siècle, les grèves se révélant inefficaces pour obtenir gain de cause, les Américains gardent le boycott comme arme pour s'attaquer au nerf de la guerre du système, la consommation. Peu après naîtra le « buycott » qui consiste, à l'inverse, à établir des listes de produits recommandés, parce que fabriqués dans de bonnes conditions, ancêtres de nos produits équitables. À la liste noire succède la liste blanche. Son inventrice ? Eléonore Marx, la fille de Karl Marx...

Des associations qui résistent

Autre terreau alternatif, le système des AMAP – Association pour le Maintien de l'Agriculture Paysanne – qui contre la généralisation de la malbouffe, l'agriculture « pourrie ». Le principe ? Des consommateurs s'engagent à acheter toute l'année des paniers de fruits et de légumes à un producteur, en s'associant aux choix des produits, en participant à la détermination du prix de vente… Ce principe se distingue de la vente de produits biologiques classiques car les « Amapiens » – comme ils se nomment eux-mêmes – s'engagent à supporter les aléas de la production en cas d'intempéries, de baisse de rendement. De son côté, l'agriculteur fournit des produits de qualité, cultivés selon des méthodes qui respectent la nature. Au carrefour d'aspirations très actuelles, cette initiative, présente aujourd'hui dans vingt-cinq pays, rencontre un engouement grandissant : recherche de produits de saison, volonté de s'inscrire dans son territoire, de soutenir les petits producteurs face aux géants de l'agriculture moderne. D'autres lieux de résistance se multiplient : « Sortir du supermarché », qui prône comme son nom l'indique un boycott des grandes surfaces, « Le droit à la nuit », qui se bat pour que l'on retrouve une part d'ombre dans les rues et le respect des rythmes naturels. Ou encore « Le droit à l'oubli », qui lutte contre le fichage des individus…

Slow Food contre fast food

Créé au départ en Italie contre l'implantation d'un McDonald's à Turin, le mouvement Slow Food s'est développé, au point d'être aujourd'hui présent dans quatre-vingt pays. Ses objectifs sont multiples : une éducation au goût, mission qu'il estime la plus urgente au regard de la déculturation galopante due à la généralisation des fast-foods, la défense et le soutien des producteurs locaux privilégiant les variétés végétales et animales menacées de disparition, le développement d'un système agricole moins intensif, moins destructeur de la nature.

Un indispensable projet politique

Toutes ces initiatives signent une volonté de changement, mais restent insuffisantes pour inventer un autre monde, contrer tous les maux que nous avons exposés jusqu'ici. De la même façon qu'il existe une limite à faire le vide individuellement, il y en a une à se contenter de faire le vide au niveau collectif, en dehors de tout projet politique. Pourquoi ? Parce que toutes ces alternatives peuvent être aisément recyclées par le marché, et recréer de l'inégalité... On le voit déjà avec la façon dont les grandes enseignes se sont emparées avec délice de ce nouveau créneau des produits équitables... Même McDonald's lance un hamburger bio ! Le droit à la nuit peut devenir une excellente idée récupérée par les résidences privées, laissant bruit et éclairage violents aux quartiers qui ne pourraient s'offrir d'autres alternatives. Le risque est réel de ne vivre ses combats qu'à travers la consommation – plus je consomme engagé, plus je suis un bon citoyen – aboutissant à une logique inverse de celle recherchée. Ou encore de créer un monde « pur », réservé aux plus nantis.

CHAPITRE 9
ÉLOGE DE LA GRATUITÉ

Pour en finir avec cette tentation du « toujours plus », seul un projet politique peut réellement être efficace. Au programme : la gratuité pour les biens nécessaires, l'augmentation des prix pour leur usage abusif, le versement d'un revenu universel d'existence et l'instauration d'un revenu maximal autorisé.

Éloge des valeurs humaines

Pas plus que le discours moralisateur, le discours culpabilisant n'a ici sa place. Il ne s'agit pas de pointer d'un doigt sévère les mauvais citoyens, ceux qui consomment abusivement, sont incapables de se créer des limites et mettent en danger la planète. Cette position n'entraîne que très rarement des changements durables dans les comportements. Mieux vaut s'atteler à proposer un autre type de société, dans laquelle tous les humains trouveraient leur bonheur, sur la base d'une inégalité sociale moindre, du respect des ressources naturelles, à partir des valeurs humaines fondamentales. Nous assistons aujourd'hui à une inversion du sacré et du profane : ce qui est devenu sacré, c'est l'argent, le paraître, la technicité, au détriment de la liberté, la générosité et l'égalité. Faut-il le rappeler ? Ce n'est pas la concurrence qui a permis à la vie d'exister, y compris sur le plan biologique, mais la coopération. Sinon, nous ne serions encore que des cellules isolées…

Éloge de l'utopie !

L'utopie est en passe de devenir un gros mot, en tout cas, une vieille lune, datant d'une époque où le slogan situationniste « Soyons réalistes, demandons l'impossible » rassemblait une partie de la jeunesse. Les programmes de la gauche ne s'insurgent plus contre le modèle d'une société toujours croissante : leur désaccord avec la droite réside sur la façon de partager le gâteau, sans remettre en cause les ingrédients, ni la façon dont on le fabrique. Est-il aujourd'hui encore possible d'imaginer un autre monde ? De bousculer la façon habituelle de faire et penser la politique ? Sans prôner l'arrivée du Grand Soir qui a conduit à bien des petits matins blêmes, il est urgent d'envisager une autre façon de vivre, ici et maintenant, en s'appuyant sur ce qui existe déjà. Nous nous garderons bien également d'un discours qui attend la venue d'une catastrophe pour que le monde bouge enfin. La canicule de l'été 2003 n'a pas ébranlé nos modes de vie, tout au plus a-t-elle décuplé le chiffre des ventes de climatiseurs…

La décroissance, un « mot-obus »

Depuis quelques années, le mot décroissance fait son chemin parmi ceux qui aspirent à vivre autrement. Ce mot est certes pauvre car il est négatif, mais il a l'immense avantage de faire basculer dans un nouvel imaginaire, de pulvériser l'idéologie dominante. Pour se révolter, nous avons besoin de mots nouveaux, de mots qui n'ont pas été usés par les déceptions… Quel monde pourrait naître si on tournait le dos à la consommation ? À l'origine de tout changement, il existe toujours une tension entre le possible et l'impossible et si nous nous contentons de ne rêver que dans le carcan actuel, nous ne trouverons pas de nouvelles solutions. Il faut donc redistribuer les cartes, avec une part de folie, d'imaginaire, de rêverie, qui sont autant d'étincelles d'où pourra jaillir une société plus proche de celle que nous souhaitons.

Éloge des vrais plaisirs

Notre société fonctionne sur deux forces incontestables. La première est sa capacité à créer de l'insécurité sur tous les plans, psychologique, identitaire, culturel, économique, avec la peur du chômage, la solitude au travail, autant de facteurs qui nous poussent à nous consoler sans cesse avec des objets qui ne correspondent qu'à des faux besoins. Sa seconde force est sa capacité à rabattre le désir sur le seul avoir et la possession. Toutefois, même si nous avons raison en prônant un autre monde, ce vœu ne sera pas suffisant pour inverser le cours des choses. Il nous faut opposer un projet de vie qui soit plus fort que l'achat de produits, qui soit capable de susciter de vrais désirs, de vrais plaisirs. Quand on est vraiment heureux, on devient un mauvais consommateur… Comment pourrions-nous passer d'une société qui fonctionne avant tout sur le mode de l'oralité (dévoration du monde) et de l'analité (accumulation de biens et destruction) à une société adulte ?

Tout n'est pas (encore) marchand !

Beaucoup de plaisirs sont gratuits, plaisirs dont nous ne profitons pas assez : se promener dans les bois, se baigner dans la mer ou la rivière, fréquenter les bibliothèques, faire des balades à vélo. Le soleil, l'eau et les relations amicales ne coûtent rien ! Nous venons de le voir à travers les différentes expériences évoquées au chapitre précédent, tout n'est pas encore à vendre. Chacun sait bien que les amours tarifées valent beaucoup moins que les vraies rencontres amoureuses. Pourquoi la vie tarifée serait-elle alors plus enviable qu'une vie où une plus grande place est donnée à ce qui ne se monnaye pas ? La France compte un très grand nombre d'associations, qui reposent essentiellement sur le principe du bénévolat. C'est une lutte contre l'égoïsme qui est à l'œuvre parce qu'on donne de son temps, de son énergie, que l'on fait confiance aux autres, pour faire aboutir un projet. Quand on aide quelqu'un dans la rue, on se sent gratifié. Les services rendus entre voisins sont une façon de renforcer notre estime de soi, de développer des relations de réciprocité qui échappent à la logique du marché. C'est notre part d'humanité que l'on défend dans ces actes quotidiens et désintéressés. Or, ce qui caractérise tous ces gestes, c'est leur gratuité et une société ne peut fonctionner sans cette sphère, même la plus marchande comme la nôtre. Notre projet sera donc d'étendre cette gratuité, de la valoriser et d'en faire un véritable principe économique et politique ! Réjouissons-nous, nous ne partons pas de rien...

Donner, recevoir, rendre

Une fois encore, ce sont les sociétés primitives qui nous donnent une leçon de vie... L'équilibre de leurs échanges était basé sur la logique du don et du contre-don, qui repose sur ce triptyque : donner, recevoir, rendre. Explication ? Lorsqu'on vous offre un cadeau pour votre anniversaire, vous vous trouvez dans une double obligation, celle d'accepter le don, puis plus tard de le rendre, sous une forme ou une autre, pas identique, car il ne vous viendrait pas à l'idée d'offrir exactement le même cadeau. C'est parce que les humains sont en perpétuelle dette les uns envers les autres qu'une société peut fonctionner. Je t'offre, tu acceptes, tu rends, je t'offre à nouveau et ainsi de suite... À la différence, la logique marchande ferme l'échange : je veux une baguette, je donne un euro et je ne dois plus rien à personne ! Ce n'est donc pas par utopie ou par gentillesse qu'il faut préférer la gratuité au marchand, mais parce que la gratuité reste la meilleure fabrique de l'humain, c'est-à-dire des liens sociaux.

La gratuité, un interdit majeur

Toute société est fondée sur un interdit majeur. Pour la monarchie, c'était le régicide, pour la bourgeoisie, l'atteinte à la propriété privée. Notre société, elle, a le sien : c'est la gratuité, au nom de la marchandisation... Pour faire naître une autre société, c'est à ce tabou-là qu'il faut s'attaquer, en élargissant la sphère de la gratuité aux biens communs indispensables à la vie. L'eau va manquer, raison de plus pour la distribuer gratuitement, quand nous utilisons juste la quantité dont nous avons besoin pour boire, nous laver, entretenir notre maison. L'électricité aussi devrait être un bien disponible pour tous, dans des limites raisonnables. C'est là qu'intervient la distinction entre bon usage et mésusage, car naturellement, tout ne peut pas être gratuit. Il faudra établir un prix variable selon l'usage que l'on fait d'un bien.

Le bon usage contre le mésusage

Pourquoi payer le même prix l'eau que l'on boit et l'eau pour remplir sa piscine ? Pourquoi verser les mêmes impôts fonciers sur sa résidence principale et secondaire ? Pourquoi payer essence et gaz au même tarif, quelle que soit l'utilisation que l'on en fait ? Cette proposition – la gratuité généralisable aux biens communs – susciterait sans aucun doute mobilisation populaire et moult débats politiques, tant mieux ! Elle introduirait des discussions sur ce qui est de bon usage ou pas, car il n'est pas question que cela soit fixé arbitrairement par des experts, en dehors des citoyens. Chacun restera libre de s'offrir le mésusage, en en supportant les coûts. Seulement voilà, ne risque-t-on pas alors de vider les rues des voitures des plus pauvres pour que les riches puissent rouler plus vite, comme on le voit déjà à Londres, qui fait payer l'accès au centre-ville ? Le danger serait alors de renforcer les inégalités : le nécessaire pour les pauvres, le futile et la frivolité pour les plus nantis. C'est pourquoi la gratuité du bon usage et le renchérissement du mésusage doivent s'accompagner d'une autre mesure, la diminution importante des écarts de revenus, avec la création d'un revenu universel d'existence (RUE) et d'un revenu maximal autorisé (RMA). Notre choix est délibérément celui d'une société qui saura se fixer des limites...

Combattre les inégalités

Nous nous sommes terriblement habitués aux inégalités. Qui se souvient que le programme commun de la gauche prévoyait dans les années 70 un écart de salaire de un à quatre ? En 1974, le revenu moyen des patrons américains les mieux payés était quarante-sept fois plus élevé que le salaire moyen d'un ouvrier de l'automobile. Vingt-cinq ans plus tard, en 1999, il équivalait à deux mille trois cent quatre-vingt et une fois le salaire moyen (source Observatoire des inégalités)... C'est à ce genre de scandales qu'il faudra remédier. Pour contrer l'insécurité qui nous pousse à consommer toujours plus, il est indispensable d'instaurer un revenu universel d'existence pour tous citoyens de notre pays. Utopie ? Donner par exemple 70 % du SMIC à tous les Français, c'est possible. Patrick Viveret, économiste et conseiller à la Cour des comptes, le philosophe Yoland Bresson et le politologue Baptiste Mylondo en ont fait le calcul. Comment ? En cumulant toutes les aides déjà distribuées, ainsi que les frais de fonctionnement inhérents à leurs traitements, on arrive déjà à 50 % de la somme, auxquels il faudrait ajouter une réforme fiscale de fond, avec un revenu maximal autorisé. Nous ne sommes donc pas face à une limite comptable, mais face à un choix de société... Là où Nicolas Sarkozy prône le « bouclier fiscal », nous proposons l'inverse : au-delà d'un certain revenu, on redistribue.

L'engagement, contre le culte des petits plaisirs

Avez-vous remarqué ? Tous les slogans de lutte sont récupérés par la publicité, qui a bien compris l'intérêt de titiller notre fibre résistante. C'est la marque Boléro qui affirme qu'elle « soutient » les femmes pour vanter ses soutien-gorge, Leclerc qui « lutte contre la vie chère », sur fond de manifestation de rue… Pour faire naître ce nouveau monde, il nous faut un grand projet de société qui mette l'humain au cœur du débat, et non le marché. Renouons avec l'engagement, celui qui a permis de grandes réalisations au cours de l'Histoire. Il suppose d'accepter de ne pas être dans une satisfaction immédiate, de privilégier les plaisirs différés, à l'inverse de ceux que nous offre la société d'hyper-consommation. Il nous faut désormais opposer une société de l'engagement à cette société de consolation, retrouver le sens des vrais combats, sans laisser la publicité s'en emparer.

L'usage, ce n'est pas triste !

Contrairement à ce que voudraient nous faire croire les tenants du « tout conso », savoir se donner des limites, pratiquer la culture de l'usage ne s'opposent pas à la frivolité, au plaisir, loin de là ! Il ne s'agit pas de vivre chichement, en étant réduit à couvrir ses besoins élémentaires, mais de développer d'autres formes de richesses, d'autant qu'une fois sécurisé sur le plan financier, on peut développer d'autres aspects de son existence. Le bon usage ne s'oppose nullement à la fête, à la musique, au mélange des genres, que ce soit des lectures publiques et des merguez-parties ! Il existe toute une dimension sensualiste dans le bon usage à cultiver : goûter, toucher, penser, aimer, contempler… Des mots plus beaux qu'acheter et posséder.

CONCLUSION

La solution à la crise globale qui menace aujourd'hui n'est pas de consommer moins. Il s'agit déjà d'en finir avec cette boulimie de produits dégradés, « déculturés », répondant à de faux besoins, au mépris des aspirations de chacun. Mais il s'agit aussi de définir autrement notre conception de la richesse, de la vraie vie. Plutôt que d'envisager de se serrer un peu, beaucoup, passionnément ou à la folie la ceinture en cette période de crise, nous devrions d'abord réfléchir à la façon de bâtir ensemble une société durable. Car même si notre planète pouvait supporter nos excès, même si une croissance infinie était possible dans ce monde fini, il faudrait quand même le refuser pour rester tout simplement des humains. Pour transmettre à nos enfants le sens des limites, pour ne pas sombrer dans la démesure qui ruine la Terre et l'humanité.

Nos problèmes ne sont pas uniquement environnementaux ou socio-économiques. Ils touchent à la crise des valeurs, à la casse des symboles, à la perte des repères de sens, au profit de la logique marchande qui se moque bien de nos identités, de nos traditions, de nos rituels qui ne rapportent rien en monnaie sonnante et trébuchante mais nous permettent pourtant de vivre, depuis quelques millénaires...

Pour tenter de résoudre les dangers que l'hyperconsommation fait courir à notre monde, les solutions les plus folles sont envisagées, et notamment celle du « transhumanisme ». De quoi s'agit-il ? D'une modification génétique de l'homme pour l'aider à faire face aux changements, comme dans un scénario de science-fiction...

Cet individu génétiquement modifié serait capable de supporter toutes les dérives de notre système et de s'y adapter. Voulons-nous vivre dans une telle société ?

Dans la communauté scientifique, peu de voix se joignent à celle du biologiste Jacques Testart qui rappelle qu'il existe des limites à ne pas franchir si nous voulons rester des humains. Il est temps de retrouver une authenticité.

Redevenons usager et citoyen, sans nous laisser réduire à un rôle de consommateur. Renouons avec la culture, qui nous rend autonome et nous permet de nous révolter.

Revendiquons le droit à la lenteur et à l'erreur. Acceptons nos faiblesses, non comme une part dont nous devrions avoir honte, mais comme notre part d'humanité...

C'est à nous de décider dans quel monde nous voulons vivre demain.

BIBLIOGRAPHIE

ARIÈS PAUL, *La Décroissance : un nouveau projet politique*, Golias, 2007.

ARIÈS PAUL, *Le Mésusage :* essai sur l'hyper-capitalisme, Parangon, 2007.

ARIÈS PAUL, *No Conso : manifeste pour la grève générale de la consommation*, Golias, 2006.

ARIÈS PAUL, *Putain de ta marque !*, Golias, 2003.

ARIÈS PAUL, *Harcèlement au travail ou nouveau management*, Golias, 2002.

BALANDIER GEORGES, *Le Grand Dérangement*, PUF, 2005.

PR BELPOMME DOMINIQUE, *Ces maladies créées par l'homme*, Albin Michel, 2004.

NANCY JEAN-LUC, *Le Sens du monde*, Galilée, 2001.

PIGNARRE PHILIPPE ET STENGERS ISABELLE, *La Sorcellerie capitaliste : pratiques de désenvoûtement*, La Découverte, 2007.

Sagot-Duvauroux Jean-Louis, *De la gratuité*, Éclat, 2006.

Sansot Pierre, *Du bon usage de la lenteur*, Rivages, 2000.

Weissman Élisabeth, *La Nouvelle Guerre du sexe*, Stock, 2008.

ADRESSES UTILES

www.decroissance.org
Un site d'actualité pour suivre pas à pas toutes les avancées du mouvement de la décroissance.

www.simplicitevolontaire.org
Ce site québecois propose une multitude d'idées concrètes pour posséder moins et vivre mieux.

TABLE DES MATIÈRES

Introduction

Chapitre 1.
On ne naît pas consommateur, on le devient !

300 objets hier, 10 000 aujourd'hui 13
1920 : des objets à la place des armes 14
De l'usager au consommateur 15
Économe ou radin ? 16
De la consommation à l'hyper-consommation 17
Extension du domaine de la consommation... 18
De la production à la « junk production » 19
La logique de la mode 20
Des consommateurs de tout, partout 22
Encadré : Des produits à la chaîne 23
Un loisir à part entière.......................... 23
La folie du prix bas............................. 24
Le consommateur schizophrène 25
Un robinet sans fin............................. 26
La vie à crédit 27
Encadré : Une société en pleine régression 28

Chapitre 2.
Arrêtez la Terre, je veux descendre !

Toujours plus vite !............................ 29
Un déni d'enfance............................. 30
De l'enfant consommateur
à l'enfant prescripteur.......................... 31
Une crise générationnelle....................... 32
Plus de rituels, plus de conflits.................. 33

Refuser le temps qui passe. 34
Sans passé, sans mémoire... 34
Encadré : La part faible de chacun 35
Une société sans rythme. 36
« Y a plus de saisons ! » 37
Une société impatiente 37
Vitesse... ou spectacle de la vitesse ? 38
Une société sur tapis roulant 40
Des villes sans âme et sans repères 40
Encadré : Silence ! 41
Le centre commercial, ogre moderne 42
Être né quelque part ! 43
Encadré : Le mythe de la société sans frontière . . . 44
Encadré : Le voyage « hors sol » 45

Chapitre 3.
Souriez, vous êtes surveillés...

Tout dire, tout voir 47
Plus de droit à l'oubli. 48
Suivis à la trace 49
Dites-moi tout... 50
Je te vois !. 51
Montre-moi ce que tu aimes. 51
Je suis un rebelle !. 53
Qui es-tu ? 54
Au nom de la sécurité 55
Des règles qui se multiplient 55
Infantilisés, démunis... 56
Un tri dans ce qui est montré 57
La consommation comme lot de consolation 58
Encadré : De l'adhésion à la fausse révolte 59
Encadré : Big Mother et Big Brother : les deux faces d'une même société 60

Chapitre 4.
Le culte de la performance

Notre corps, un capital à valoriser 61
Un esprit malade, dans un corps malmené... 62
L'esprit de compétition 63
Le goût de l'effort 63
Le dopage généralisé 64
Un besoin permanent de tuteurs 65
Un corps toujours décevant... 66
La folie des régimes 67
Le riche, c'est le mince... 68
Le refus de vieillir 68
Encadré : Le mythe du « cyborg » 69
Encadré : Quand le sport était interdit 70

Chapitre 5.
Jouir sans désir, sans limite...

Une critique difficile 71
De nouvelles normes éloignées des pratiques réelles 72
Dévalorisés, désorientés 73
Encadré : Comme un hamburger... 74
Les plus faibles sont les plus exposés 74
Les femmes, les autres grandes victimes 75
La perte de soi 76
La folie de la performance sexuelle 77
Encadré : Le grand marché du sexe 78
Encadré : L'amour sans l'autre 79

Chapitre 6.
Travailler plus pour consommer plus

L'oisiveté, mère de tous les vices 81
L'homme occidental contre le « bon sauvage » 82

Encadré : De l'esclave politique à l'esclave économique... 83
Le travail, source de richesse et de liberté ? 84
Encadré : La chasse au vagabond 85
Les terres communales privatisées. 85
Travailler sans consommer 86
« Travaille et tais-toi » 87
L' « homme-bœuf » 88
Le harnais anti-rêve de Taylor 88
« Travaille et consomme ! » 89
L'entreprise paternaliste : sévère, mais juste ! 90
Le déclin du paternalisme 91
Encadré : On s'occupe de toi ! 92
Le travail en CDD 92
L'entreprise maternante 93
Encadré : L'entreprise, comme une famille toxique... 94
Travailler plus pour gagner plus 95

Chapitre 7.
Une société contre nature

Dominer la nature, une émancipation humaniste 97
Au mépris des ressources naturelles 98
L'agriculture intensive, une agriculture « pourrie » 99
Des conséquences dramatiques sur l'homme 100
Des peurs raisonnables et irraisonnées 101
Trouver la juste mesure 102
L'accompagner, sans la dominer.... 103
Encadré : Gilles Clément, le poète des jardins. 103

Chapitre 8.
Chacun cherche son vide...

Le vide est à créer 105
Encadré : Ce néant qui rend fou. 106

Le « Potlatch » ou l'art du vide 107
Ramadan, retraite et méditation 107
Consommer moins, vivre mieux 109
Un autre Noël ? 110
Encadré : Comment lui dire adieu... 110
À chacun sa recherche 111
Ensemble... 112
Vive l'échange ! 113
Encadré : La consommation comme arme 114
Des associations qui résistent 115
Encadré : Slow Food contre fast food 116
Un indispensable projet politique. 116

Chapitre 9.
Éloge de la gratuité
Éloge des valeurs humaines 119
Éloge de l'utopie ! 120
Encadré : La décroissance, un « mot-obus » 121
Éloge des vrais plaisirs 122
Tout n'est pas (encore) marchand ! 122
Encadré : Donner, recevoir, rendre 124
La gratuité, un interdit majeur 125
Le bon usage contre le mésusage 125
Combattre les inégalités 126
Encadré : L'engagement, contre le culte des petits plaisirs 127
L'usage, ce n'est pas triste ! 128

Conclusion

Bibliographie

Adresses utiles

Table des matières

Dans la même collection

L'Art de la lenteur

Satisfaits ou divorcés

Travailler sans dérouiller

Éloge de la déprime

100 % parents, 100 % couple

Séparé mais pas brisé

Un bébé, oui ou non ?

Du bon usage des conflits

Achevé d'imprimer sur les presses
de l'Imprimerie France Quercy
en France
Dépôt légal : 1er trimestre 2009
Numéro d'impression : 82300b